버림받고 잊혀진 동물들 이야기
우리를 잊지 마세요

버림받고 잊혀진 동물들 이야기
우리를 잊지 마세요

2010년 12월 20일 처음 펴냄
2024년 6월 17일 12쇄 펴냄

지은이 • 정연숙 | 그린이 • 이선주
펴낸이 • 신명철 | 펴낸곳 • (주)우리교육 | 등록 • 제 313-2001-52호
주소 • 10403 경기도 고양시 일산동구 정발산로 24
전화 • 02-3142-6770 | 팩스 • 02-6488-9615
홈페이지 • www.urikyoyuk.modoo.at
제조국명 • 대한민국 | 사용연령 • 10세 이상
주의사항 • 종이에 베이거나 긁히지 않도록 조심하세요.
책 모서리가 날카로우니 던지거나 떨어뜨리지 마세요.

* 잘못된 책은 구입하신 서점에서 바꾸어 드립니다.
* 이 책의 내용을 쓰려면 반드시 저작권자와 (주)우리교육의 서면 허락을 받아야 합니다.
* 책값은 뒤표지에 있습니다.
* 본문에 쓰인 사진 가운데 저작권자를 찾지 못한 것이 있습니다. 빠른 시일 내에 허락을 받도록 하겠습니다.

ⓒ정연숙·이선주, 2010
ISBN 978-89-8040-440-7 73300

이 책의 국립중앙도서관 출판시도서목록(CIP)은
서지정보유통지원시스템 홈페이지(http://seoji.nl.go.kr)에서 이용하실 수 있습니다.
(CIP제어번호:CIP2010004490)

버림받고 잊혀진 동물들 이야기

우리를 잊지 마세요

정연숙 지음 ★ 이선주 그림

우리교육

이 책을 읽는 친구들에게

　이스라엘에서 아주 오래된 무덤이 발견되었습니다. 지금으로부터 1만 2천 년 전에 만들어진 무덤인데요, 그 안에는 나이 든 사람과 개의 유골이 있었어요. 아마도 그 둘은 살아 있을 적에 많은 추억을 나눈 사이였나 봐요. 개의 어깨에 사람의 왼손을 걸친, 다정한 모습으로 묻혀 있었거든요.

　오래전부터 사람은 다른 동물들과 조화를 이루며 살았어요. 동물은 인생길의 소중한 동반자였죠. 하지만 언제부턴가 우리는 함께 살아가는 길을 내팽개치고, 사람만 다닐 수 있는, 사람만을 위한 길을 만들었어요. 그리고 앞만 보며 쌩쌩 달려가고 있죠.

　그런데 우리가 앞만 보며 빠르게 달리는 동안 다른 동물들은 도로에서, 골목길에서, 동물원에서, 얼음 땅에서, 우주에서 눈물 흘리며 아파하고 있었어요. 사람과 동물은 떼어 놓을 수 없어요. 그들의 이야기는 곧 우리의 이야기랍니다.

뒤에서 만나게 될 동물들은 모두, 사람에게 전하고픈 말이 있대요. 그 이야기를 들으며 앞으로 우리가 가야 할 길에 대해 생각해 보면 어떨까요. 모두가 행복할 수 있는 길에 대해.

2010년 겨울

정연숙

차례

이 책을 읽는 친구들에게 • 4

프롤로그
여섯 개의 문 • 8

1. 탕! 탕! 탕! 코끼리 이야기 • 16
   한걸음 더 - 밀렵 • 32

2. 내 주인은 누굴까? 강아지 이야기 • 36
   한걸음 더 - 유기견 • 52

3. 별 헤는 밤 침팬지 이야기 • 56
   한걸음 더 - 동물실험 • 68

4. 0.03평의 감옥 닭 이야기 • 72

　한 걸음 더 - 대량 사육 • 84

5. 바퀴 달린 괴물 너구리 이야기 • 88

　한 걸음 더 - 로드킬 • 100

6. 두근두근두근 펭귄 이야기 • 104

　한 걸음 더 - 지구온난화 • 118

에필로그
우리를 잊지 마세요 • 122

참고 자료 • 130

동물보호단체 - 동물과 친구가 되고 싶나요? • 132

 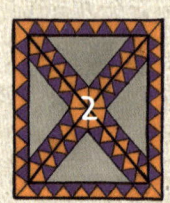 

프롤로그

여섯 개의 문

"펭귄아, 어서 눈을 떠 봐."

희미하게, 귓가에서 누군가의 목소리가 들렸다. 펭귄은 간신히 눈을 뜨고 주위를 둘러보았다. 하지만 사방은 먹물을 쏟은 것처럼 캄캄할 뿐, 목소리 주인공은 어디에도 보이지 않았다.

'여기가 어디지?'

쓰러져 있던 펭귄은 간신히 몸을 일으켰다. 한 치 앞도 보이지 않는 어둠 저 멀리, 한 줄기 희미한 빛이 보였다. 아픈 다리를 끌며 한 걸음 한 걸음 다가가자 빛은 점점 환해졌다. 빛이 반사된 바닥에는 동그란 구멍이 뚫려 있었고, 그 아래로는 먹음직스러운 크릴새우 떼가 부드러운 바다에 몸을 맡긴 채 헤엄치고 있었다.

펭귄은 침을 꿀꺽 삼키고는 구멍 속으로 뛰어들었다. 정신없이 크릴새우를 잡아먹는데 갑자기 거대한 빛이 쏟아졌다. 너무 밝아서 눈을 뜰 수 없을 지경이었다. 그 빛은 회오리바람처럼 펭귄을 둘둘 감싸더니 공중으로 치솟았다.

"펭귄 살려!"

눈을 뜨니 모든 게 달라져 있었다. 크릴새우와 바다 대신, 난생처음 보는 동물들이 호기심 가득한 눈빛으로 펭귄을 에워싸고 있었다.

"드디어 마지막 주인공이 왔어. 펭귄이 왔다고!"

적막을 깬 것은 펭귄처럼 다리 두 개에 날개 날린 새였다. 말을 할 때마다 머리와 턱에 달린, 빨간 꽃잎 같은 게 팔랑거렸다.

"너는 누구니?"

"닭이야. 알을 낳는 암탉."

이번에는 덩치 크고 까만 털북숭이가

펭귄 앞으로 얼굴을 쑥 내밀었다.

"나는 침팬지야. 우린 널 한참이나 기다렸어. 네가 길을 잃어버린 건 아닌지, 문을 못 찾는 건 아닌지 얼마나 걱정했는지 몰라."

침팬지의 말에 다른 동물들도 고개를 끄덕였다.

그때, 쿵쿵쿵 하면서 땅이 울리더니 펭귄 머리 위로 검은 그림자가 드리워졌다.

"넌 정말 깜찍하게 생겼구나. 안녕, 난 코끼리야. 어떤 녀석이 마지막 문으로 나올지 무척 궁금했어."

코끼리는 펭귄의 까만 머리를 코로 쓰다듬으며 인사를 건넸다.

"마지막 문?"

펭귄이 묻는 말에, 코끼리는 기다란 코로 공중에 둥둥 떠다니는 문들을 가리켰다. 문은 모두 여섯 개였고, 각각 1부터 6까지 숫자와 동물 이름이 적혀 있었다.

"그래, 저 문들을 봐. 넌 '6. 펭귄'이라고 적힌 투명한 얼음 문을 통해 여기에 온 거야. 내가 첫째로 왔고, 둘째는 강아지, 셋째는 침팬지, 넷째는 닭, 다섯째는 너구리, 마지

막 여섯째가 바로 너 펭귄이야."

펭귄의 질문은 계속되었다.

"난 크릴새우를 먹으려고 구멍에 뛰어들었다가 여기로 왔어. 꽤 많은 날을 굶어서 너무 배고팠거든. 너희들은?"

그러자 다섯째로 왔다는 너구리가 말했다.

"나는 자동차를 피하려고 했는데 눈을 뜨니 여기였어."

다른 동물들도 앞다투어 한마디씩 하기 시작했다.

"나는 고향을 찾아 헤매다가 여기로 왔어. 신기하게도 지금은 고향에 있는 것처럼 마음이 편안해."

침팬지에 이어 강아지가 대답했다.

"참 이상한 일이지. 난 옛 주인 품에 안겼는데 정신을 차리고 보니 여기였어."

강아지의 말을 이은 것은 닭이었다. 닭은 무척 들뜬 표정이었다.

"난 창살 안에서 얼마나 답답했는지 몰라. 늘 신선한 공기와 바람, 햇볕이 있는 자유로운 땅을 꿈꿨지. 그런데 여기 있으니 하늘을 날아오를 것처럼 상쾌해. 참 신기하지?"

신기한 건 펭귄도 마찬가지였다. 이곳에 온 뒤론 배도 고프지 않고 힘이 팍팍 솟는 기분이었다.

"얼른 다른 펭귄들을 데려와야겠어. 이렇게 좋은 곳에 우리만 있을 수는 없잖아. 누구 문밖으로 나간 적 있니?"

펭귄의 말에 모두 겁에 질린 표정으로 고개를 떨구었다.

한참 만에 침묵을 깬 건 너구리였다. 너구리의 목소리는 가늘게 떨렸다.

"난, 문밖으로는 한 발자국도 나가지 않을 거야."

다른 동물들도 하나 둘 입을 열었다.

"바깥세상은 너무 무서워."

"그곳에선 하루하루가 악몽이었어."

"거긴 지옥이야."

그때, 펭귄 머리 위로 축축한 게 뚝뚝 떨어졌다. 고개를 들어 보니 코끼리가 눈물을 흘리고 있었다.

"코끼리야, 왜 우니?"

펭귄이 작은 날개로 코를 쓰다듬자 코끼리는 울먹이며 말했다.

"엄마 생각이 났거든. 엄마 생각을 하면 자꾸 눈물이 나와."

"엄마는 어디에 있는데?"

펭귄이 묻자, 울음을 겨우 멈춘 코끼리는 이야기를 시작했다. 평생 잊지 못할 그 일에 대해.

1.
탕 탕 탕

코끼리 이야기

포유류

아프리카와 아시아에 분포

몸집이 가장 큰 육상동물.
암컷과 새끼로 구성된 40여 마리가 무리 지어 산다.
물로 목욕하는 것을 좋아하며
이른 아침과 저녁에 풀을 먹는다.
시속 4km의 속도로 이동하며 생활하는 코끼리는
크게 위협이 되는 천적이 없었지만,
급속한 환경 개발에 따른 목초지 파괴와
상아를 노린 밀렵 등으로 멸종 위기에 놓여 있다.

그날 아침엔 모두 들떠 있었어. 며칠 동안 무섭게 퍼붓던 비가 그치고, 오랜만에 하늘이 맑게 개었거든. 우린 어른 코끼리 일곱 마리, 아기 코끼리 네 마리 이렇게 열한 마리가 함께 모여 지냈어. 무리를 이끄는 대장은 우리 엄마였어. 우린 나뭇잎을 먹으러 엄마 뒤를 따라 숲 속으로 들어갔어. 나는 코로 엄마 꼬리를 잡고 졸졸 따라갔지.

햇살에 반짝이는 나뭇잎들은 먹음직스러워 보였어. 나는 있는 힘껏 코를 뻗었어. 키도 작고, 코 길이도 짧은 아기

코끼리가 딸 수 있는 나뭇잎은 적었지만 걱정 없었어. 엄마가 나뭇잎, 나무껍질, 열매들 중에서도 맛난 것만 골라 내 입에 쏙쏙 넣어 줬으니까.

배불리 먹은 아기 코끼리들은 강으로 첨벙첨벙 뛰어들어 진흙을 뿌리며 신 나게 놀았어. 진흙을 어떻게 뿌리냐고? 우리 코끼리들은 코로 못 하는 게 없거든. 작은 열매도 집고, 무거운 나무도 옮기고, 서로 쓰다듬는 것도 코로 하지.

얼마나 열심히 놀았던지 배에선 금세 꼬르륵 소리가 났

어. 나는 엄마가 어른 코끼리들과 이야기하는 틈을 타 몰래 숲 속으로 들어갔어. 엄마는 절대로 혼자 숲에 들어가면 안 된다고 입이 닳도록 말했지만, 난 모험을 즐기는 용감한 코끼리가 되고 싶었거든.

바람에 살랑살랑 흔들리는 나뭇가지들은 내게 어서 오라고 손짓하고, 새들의 노랫소리는 나의 첫 모험을 축하하는 것 같았어.

나는 강가에서 노는 친구들의 웃음소리가 들리지 않을 정도로 숲 속 깊숙이 들어갔단다. 모험을 즐기며 먹는 나뭇잎과 열매는 아주 달콤했지.

'나 혼자 여기까지 온 걸 알면 깜짝 놀라면서 용감하다고 칭찬해 주겠지?'

나는 우쭐한 기분으로 엄마와 친구들 쪽으로 발걸음을 돌렸어. 그런데 한참을 가도 수풀만 점점 무성해질 뿐, 강은 보이지 않았어. 길을 잃고 만 거야. '우르르 쾅쾅!' 하며 천둥이 하늘을 울릴 때보다 훨씬 더 큰 두려움이 밀려왔어. 하지만 내가 할 수 있는 거라곤 울면서 엄마를 부르는 것뿐이었어.

"엄마! 엄마! 어디 있어?"

그때였어. 저 멀리서 나뭇가지 밟는 소리가 들렸어. 그리고 이상한 냄새가 코를 찔렀어. 처음 맡는 낯선 냄새였지. 잠시 뒤, 수풀이 흔들리더니 두 다리에 두 팔을 지닌, 작은 동물이 모습을 드러냈어.

'저게 뭐지? 오랑우탄인가? 아니면 침팬지인가?'

가만히 보니 그들에게는 털이 없었어. 털 없는 원숭이들이었지. 그런데 무서운 눈빛으로, 손에 든 까맣고 길쭉한 것을 내 쪽으로 겨누는 거야. 겁에 질린 나는 있는 힘껏 엄마를 불렀어.

"엄마!"

그러자 저 멀리서 쿵쿵쿵 발소리가 들려오기 시작했어.

바람결에 포근한 엄마 냄새가 실려 왔지. 엄마의 발소리가 커질수록 털 없는 원숭이의 수도 하나 둘 늘어났어. 그리고 손에 든 까맣고 긴 것을 모두 엄마 발소리가 들리는 쪽으로 겨누었어.

드디어 엄마가 모습을 드러냈어. 성난 엄마가 굵고 단단한 코를 휘두르자 털 없는 원숭이들은 잔뜩 겁을 먹고 뒷걸음질했어. 사자도 무서워하지 않는 엄마에 비하면 털 없는 원숭이들은 보잘것없이 작기 때문에, 엄마가 단숨에 물리칠 거라 믿었어.

엄마는 나를 뒤로 숨기더니 털 없는 원숭이들을 향해 무섭게 달려들었어. 그러고는 맨 앞에 서 있던 털 없는 원숭이의 머리 위로 커다란 앞발을 들어 올렸지.

"탕! 탕! 탕!"

귀청이 떨어질 듯한 소리와 함께 쓰러진 건 엄마였어.

"엄마, 엄마!"

엄마의 머리와 등, 가슴에는 동그란 구멍이 나 있었고, 거기서 흘러나온 피는 땅을 붉게 물들였어. 코로 엄마를 열심히 쓰다듬어 보았지만, 엄마는 조금도 움직이지 않았어. 엄마와 나는 코로 서로 간질이고 쓰다듬는 걸 참 좋아했는데…….

털 없는 원숭이들은 밧줄로 날 세게 묶더니 철로 된 우리에 집어넣었어. 그리고 두꺼운 천을 덮어씌웠지. 깜깜해서 아무것도 보이지 않았지만, 그들의 목소리는 또렷이 들렸어.

"잘 봤지? 새끼 코뿔소나 새끼 코끼리를 산 채로 잡으려면 그 어미를 먼저 죽여야 해. 모성애가 강한 놈들이라 미리 처치하지 않으면 골치 아파."

"어미도 산 채로 잡았다면 비싸게 팔 수 있을 텐데, 아쉽네요."

"죽은 코끼리도 돈이 되는 거 몰라? 귀로는 탁자를, 다리

뼈로는 우산꽂이를 만들 수 있지. 고기도 시장에 내다 팔면 되고. 가장 짭짤한 돈벌이가 되는 건 하얗고 긴 상아야. 살아 날뛰는 코끼리의 상아를 무슨 수로 뽑겠어? 어차피 저 어미는 죽을 목숨이었어. 이봐, 도끼랑 칼 잘 챙겼지? 이제 상아를 뽑으러 가자고."

그 순간 난 엄마 말을 듣지 않은 것을 깊이 후회했어. 내가 혼자 숲에 들어가지만 않았어도 엄마가 죽지 않았을 테니까. 하지만 아무리 후회하고 울어도 시간을 되돌릴 수는 없었지.

나는 천이 덮인 우리에 갇혀, 밤인지 낮인지도 모른 채 여기저기로 옮겨졌단다. 며칠이 지났을까. 어느 날, 창살 안으로 환한 빛이 쏟아졌어. 덜컹하면서 철문이 열렸고, 그제야 나는 간신히 밖으로 걸어 나왔어.

그곳은 내 고향과는 전혀 달랐어. 뜨거운 태양이 있어야 할 하늘은 커다란 천막으로 가려졌고, 푹신한 흙이 있어야 할 땅은 딱딱하기 그지없었어. 나무들이 서 있어야 할 곳에는 철창에 갇힌 표범, 사자, 호랑이, 원숭이 들이 있었지. 난생처음 보는 광경에 나는 두려움을 느꼈어.

"아얏!"

갑자기 어깻죽지의 살을 파고드는 날카로운 통증이 느껴졌어. 고개를 돌리니 모자를 쓴 털 없는 원숭이가 채찍을 들고 서 있었어.

"서커스단에 온 것을 환영한다. 지금부터 네 이름은 깜보다, 깜보!"

말이 끝나기가 무섭게 털 없는 원숭이는 채찍으로 내 등을 후려쳤어. 나는 고통을 참지 못해 코를 들어 올리고 소리를 지르며 뒷걸음질했어.

"하하, 말귀를 알아듣는 녀석이군. 네게 묘기를 가르쳐 주겠다. 제대로 못 하면 무조건 굶는 거야, 알았어?"

그날부터 나는 뒷다리로 서기, 춤추기, 코로 공놀이하기를 배웠어.

"쇼의 마지막을 장식할 오늘의 주인공, 코끼리 깜보를 소개합니다!"

내가 털 없는 원숭이들의 옷을 입고 뒷다리로 선 채 뒤뚱뒤뚱 무대 위를 걸어가자, 자리를 빽빽이 메운 털 없는 원숭이들은 휘파람을 불고 박수를 쳤어.

그들은 모를 거야. 무대에 오르기까지 내가 얼마나 많은 날들을 굶주려야 했는지, 얼마나 혹독한 매질을 견뎌야 했는지. 하지만 박수갈채도 잠시였어. 얼마 뒤 서커스단의 인기가 떨어지자 모자 쓴 털 없는 원숭이가 나를 다른 곳에 팔아 넘겼거든.

차라리 다행이었어. 새로 팔려 간 곳에서는 하늘을 볼 수 있었으니까. 우리에 갇혀 있긴 했지만 고향 친구들도 만날 수 있었지.

그곳은 동물원이었어. 나는 동물원에 갇힌 지 얼마 되지 않아 다리를 절게 되었어. 서커스단에서 뒷다리로 서는 묘기를 할 때부터 다리가 아팠는데, 딱딱한 동물원 바닥에서 살다 보니 관절염이 심해지고 만 거야.

하지만 뼈가 쪼개질 듯 아픈 것보다 무서운 게 뭔지 아니? 바로 마음의 병이야.

동물원에는 나처럼 아프리카에서 온 코끼리도 있었어. 나는 무척 반가운 나머지 커다란 귀를 펄럭이며 인사했지. 하지만 그 코끼리 얼굴엔 아무런 표정이 없었어. 눈앞에 아무것도 보이지 않는 것처럼 텅 빈 눈을 하고 있었지. 이상한 건 코끼리만이 아니었단다. 동물원에 있는 동물들 대부분이 그런 눈빛이었어.

'왜 그럴까?'

가을을 재촉하는 비가 추적추적 내리는 스산한 오후였어. 쌀쌀한 바람까지 불어 구경 온 털 없는 원숭이도 별로 없었지. 우울한 직막을 깬 건 동물원 구석구석을 돌아다니며 소문을 퍼뜨리는 쥐들이었어.

"오늘 아침에 침팬지가 자기 새끼를 패대기쳤대."

침팬지는 성격이 괴팍하기로 유명했단다. 실내 동물원에 있던 침팬지는 목이 찢어져라 비명을 지르거나 양손이 부서져라 유리 벽을 내리치며 화를 내기 일쑤였지. 그런가 하면 또 어떤 날은 아무것도 먹지 않고 쥐 죽은 듯이 누워 지내기도 했어.

"털 없는 원숭이들이 뭐라는지 알아? 침팬지가 우울증 때문에 새끼를 내던진 거래."

동물원에서 우울증에 걸리는 건 시간문제였어. 드넓은 곳에 살던 야생동물이, 좁아터진 우리에 갇혀 구경거리로 산다는 건 견디기 힘들었으니까.

침팬지나 나처럼 무리를 지어 사는 동물들은 특히 더 외로움을 느낀단다. 침팬지는 얼마 전에 남편을 잃고 우울증이 더 심해졌는데, 그 고통을 견디다 못해 새끼까지 내팽개친 거였어.

그 일 뒤로 나도 마음의 병을 앓게 되었단다. 하루에 수십 킬로미터씩 먹이를 찾아다니다 좁은 우리에 갇혀 지내니, 가슴이 터질 듯이 갑갑했어.

우울증을 앓으면서 나에게는 제자리에 선 채 몸을 앞뒤로 흔드는 버릇이 생겼어. 이렇게 평생을 동물원에서 산다는 건 평생 갇혀 살아야 한다는 것과 다름없었지. 나는 고향에서 엄마와 지내던 그 시절을 추억하며 하루하루를 간신히 버텼어.

그런데 언제부터인가 그때를 기억하려고 아무리 애를 써도, 머릿속에 아무것도 떠오르지 않는 거야. 내 눈빛도 다른 동물들처럼 텅 비어 갔지.

하지만 동물원엔 1년 365일 웃음소리가 끊이지 않았단다. 우리를 구경하는 털 없는 원숭이들의 웃음소리였지. 털 없는 원숭이들은 과자를 던지거나 사진을 찍어 댔어.

"코끼리는 코가 손이라며? 코로 이거 받아 봐."

나는 하늘나라에 있는 엄마 곁으로 가게 해 달라고 빌고 또 빌었어. 하지만 눈을 뜨면 끔찍한 세상은 그대로였지. 그런데 기적이 일어난 거야. 아침에 눈을 떠 보니 여기에 와 있었거든. 여기가 어딘지는 모르지만, 왠지 엄마를 만날 것 같은 예감이 들어. 그리고 털 없는 원숭이가 보이지 않아서 마음이 편안해. 너희는 어떠니?

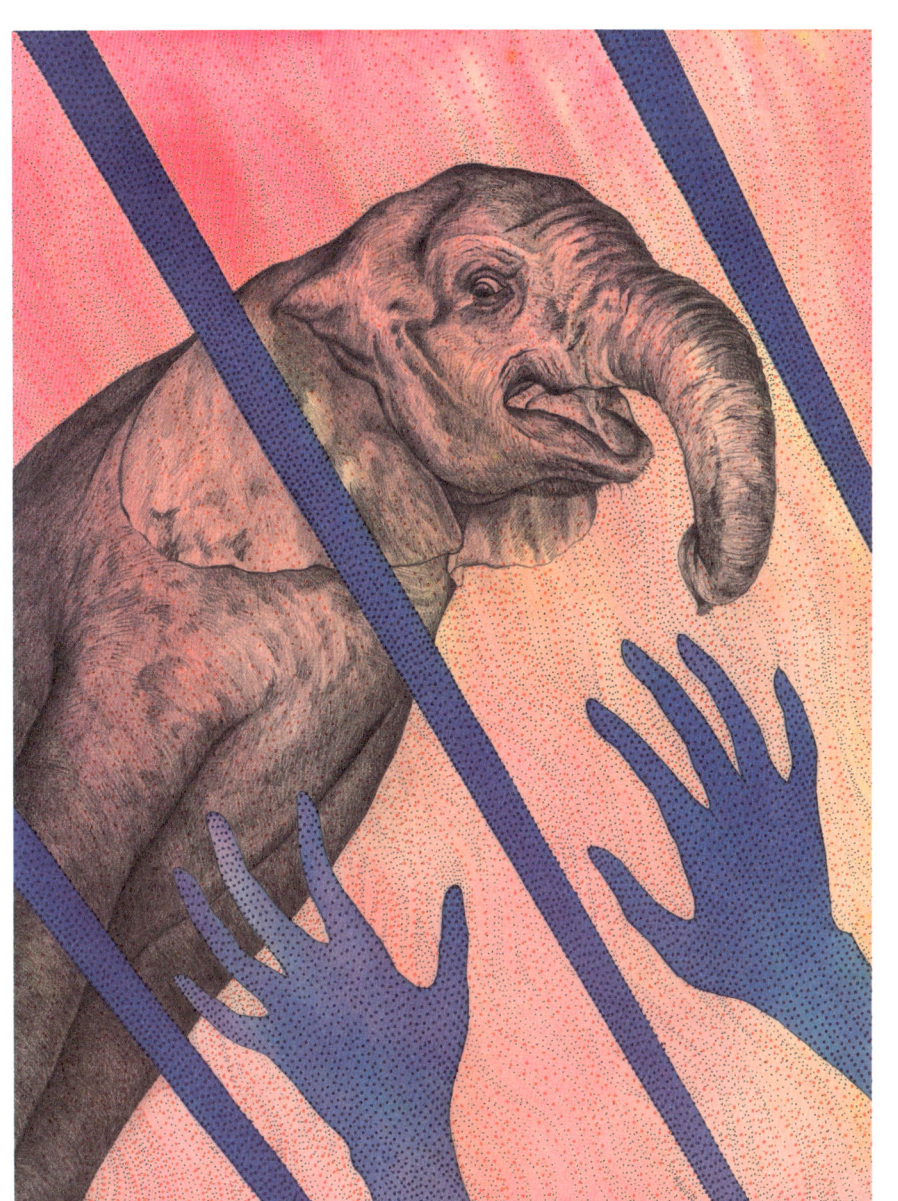

한걸음 더

밀렵

　옛날 사람들은 코끼리를 신비로운 동물로 여겼어. 인도 신화에서는, 코끼리는 지구를 떠받치는 기둥이고, 현명한 사람만이 코끼리로 환생할 수 있다고 해. 그리고 석가모니의 어머니 마야 부인은 석가모니를 낳기 전, 흰 코끼리가 옆구리로 들어오는 꿈을 꾸었대.

　코끼리에게는 하얗고 아름다운 상아가 있어. 하지만 많은 코끼리들이 상아 때문에 목숨을 잃고 말았단다. 단단하면서 윤이 나는 상아는 도장, 당구공, 피아노 건반, 장식품 등의 재료로 비싼 값에 팔리거든.

　1980년대에 약 120만 마리였던 코끼리가 10년 만에 50여만 마리로 급격히 줄자, 사람들은 상아 거래를 법으로 금지했단다. 그런데 상아가 귀해져 가격이 올라가자 사람들은 다시 코끼리 밀렵을 하고 있어.

　지금도 상아 때문에 희생되는 코끼리가 아프리카에서만 해마다 2만 마리 이상이라고 해. 뿐만 아니라 관광을 위한 밀

코끼리가 멸종 위기에 놓인 진짜 이유는 뭘까?

렵, 마구잡이 개발에 따른 보금자리 파괴 등으로 코끼리는 지금 멸종 위기에 놓이고 말았단다.

커다란 귀를 펄럭이며 하늘을 나는 코끼리 덤보를 본 적 있니? 만화영화 〈덤보(Dumbo)〉의 주인공 덤보는 유별나게 큰 귀 때문에 서커스단 동물들에게 놀림을 받지만, 나중엔 커다란 귀를 펄럭이며 하늘을 훨훨 날게 돼.

그런데 이 영화에서 덤보의 엄마로 나오는 '점보(Jumbo)'는, 실제로 아프리카에서 프랑스로 오게 된 코끼리의 이름을

딴 거라고 해.

　아프리카에서 밀렵꾼의 총에 엄마를 잃고 프랑스 파리로 잡혀 온 점보는, 얼마 뒤 영국 런던의 동물원으로 옮겨졌어. 점보는 코로 사람을 들어 올려 등에 태우는 묘기로 세계적인 스타가 되었어.

　점보가 막대한 돈에 미국으로 팔리게 되자, 10만 명의 영국 어린이들이 점보를 팔지 말라는 편지를 여왕에게 보낼 정도로 그 인기는 대단했단다. 하지만 점보는 결국 영국을 떠났고, 점보를 사들인 미국의 서커스단은 엄청난 돈방석에 앉게 되었어.

　그런데 3년 뒤, 사람들은 점보를 볼 수 없었단다. 여러 곳으로 돌아다니며 공연을 하던 점보가 그만 기관차와 충돌하는 사고를 당하고 말았거든.

　점보는 죽은 뒤에도 편히 쉴 수 없었어. 서커스단 단장이 죽은 점보의 가죽을 박제해서 공연을 하는 길에 데리고 다녔거든. 몇 년 뒤에 점보 박제는 미국의 어느 대학에 기증되었지만, 그마저도 화재가 일어나 결국 한 줌 재로 사라지고 말았지. 아프리카에서 평화롭게 살던 코끼리는 그렇게 삶을 마쳐야 했단다.

2.
내 주인은 누굴까?

강아지 이야기

포유류
거의 전 세계에 분포

포유류 가운데 가장 오래된 집짐승.
거의 전 세계에 걸쳐 산다.
영리하며 사람을 잘 따르는 개는
일반적으로 늑대와 생김새가 비슷하며
이빨이 날카롭다.
또한 후각과 청각이 뛰어나
군용견, 시각장애인 안내견, 구조견 등으로
쓰이고 있다.

바다를 본 적 있니? 끝없이 펼쳐진 바다와 하늘은 꼭 쌍둥이 같아. 어디부터가 하늘이고 바다인지 모를 정도로 서로를 빼닮았거든.

바다에 간 적은 한 번도 없지만, 난 눈을 감고도 바다를 떠올릴 수 있어. 내 첫 번째 주인 은수 덕분이야.

나는 은수가 열한 번째 생일을 맞았을 때 은수를 처음 만났어. 함께 뛰놀며 나를 힘껏 안아 주던 은수는 선장이 되는 게 꿈이었어. 나에게 바다에 대한 책을 보여 주고, 매일 밤 바다에 대한 흥미진진한 이야기도 들려주었지. 그리고

 나에겐 '파도'라는 근사한 이름을 지어 주었어. 내가 달려오는 모습이 꼭 힘차게 물결치며 밀려오는 파도 같다면서.

 은수는 키도 작고 빼빼 말랐지만, 마음만은 바다처럼 넓은 아이였어. 언제나 웃는 얼굴로 나를 사랑해 주었지. 하지만 은수네 부모님은 점점 커 가는 날 좋아하지 않았어. 먹이며 예방주사며 이래저래 드는 돈이 많다면서 말야.

 그런 것에 아랑곳 않고 나는 언제나 꼬리를 흔들며 반겼어. 그 사람들이 아니었다면 은수처럼 좋은 주인을 만나지 못했을 테니까.

그러던 어느 날, 해가 뉘엿뉘엿 기울던 저녁 무렵이었어. 은수는 아직 집에 오지 않았는데, 웬일로 은수 엄마가 내 목에 줄을 매더니 밖으로 나가는 거야. 몸이 근질근질하던 나는 신 나서 방방거리며 따라갔어. 은수 엄마가 데려간 곳은 아파트 공사장 옆에 있는 산이었어.

그때 내 눈앞에 커다란 호랑나비가 '나 잡아 봐라' 하는 것처럼 알짱거렸어. 내가 나비를 잡으려고 버둥거리자, 은수 엄마는 목을 감싼 줄을 풀어 주었어. 신이 난 나는 호랑나비를 쫓아 이리저리 뛰어다녔지.

한참 뒤 정신을 차리니 산속은 이미 어둑어둑했어. 덜컥 겁이 나서 은수 엄마를 찾았지만, 줄만 덩그마니 떨어져 있을 뿐 은수 엄마는 보이지 않았어. 어디로 가야 할지 몰라 멍멍 짖으며 헤매고 있는데, 다행히도 낯익은 얼굴이 보였어. 나를 귀여워하시던 이웃집 할아버지가 나타난 거야. 나는 할아버지 손에 이끌려 집으로 돌아왔지.

그 뒤로 한 달쯤 흘렀을까? 은수가 집을 비운 날 밤, 은수 아빠가 굵은 끈으로 주둥이를 꽁꽁 묶고는, 나를 커다란 가방에 쑤셔 넣었어. 나를 실은 차는 속이 울렁거릴 만큼 험한 길을 한참 달린 끝에야 멈추었어. 은수 아빠는 가방을 열고 나를 내던졌지. 차에 올라타려고 했지만 문은 먼저 닫혀 버렸어.

달려가는 자동차를 죽어라 쫓아가 보았지만 소용없었어. 나도 데리고 가라고 소리치고 싶었지만, 끈에 묶여 있어 아무 소리도 낼 수 없었어. 그 뒤로 은수를 다시 보지 못했단다.

나의 두 번째 주인은 김 선생이었어. 하얀 덧옷을 입고 다니는 김 선생에게서는 늘 소독약 냄새가 맴돌았어. 가까이 다가오면 소독약 냄새가 먼저 코를 찔렀지.

김 선생은 나를 본 첫날, 끈 때문에 상처가 난 주둥이에 꼼꼼히 약을 발라 주었어. 나는 김 선생의 손을 핥았어. 장갑을 끼고 있었지만 그래도 좋았어. 김 선생은 나의 새로운 주인이었으니까.

"김 선생, 이번에도 시베리안 허스키야? 덩치도 크고 시끄러워서 많이 버린다더니 진짜네. 요번 달만 해도 벌써 다섯 마리나 들어왔잖아."

나는 낯선 동네를 헤매다 어떤 아저씨에게 잡혀 동물보호소에 들어왔어. 동물보호소는 주인을 잃어버리거나 버림받은 동물들이 잠시 머무는 곳이란다.

동물보호소에서 개들의 운명은 극과 극으로 나뉘어. 주인이 찾으러 오거나 새로운 주인을 만나는 경우도 있지만, 그건 아주 드물었지. 대부분은 김 선생 손에 들려 검은 철문 밖으로 사라졌거든.

철문 밖으로 나간 개들은 두 번 다시 볼 수 없었어. 그래서 보호소의 개들은 김 선생을 '저승사자'라고 불렀어. 떠도는 소문으로는, 김 선생은 문밖에서 주사를 놓는다는 거야. 그 주사를 맞으면 정신이 멍해지고 눈앞이 희미해지면서, 곧 죽게 된다고 해.

김 선생은 내 아픈 곳을 어루만져 준 두 번째 주인이었지만, 난 떠나기로 마음먹었어.

탈출하려면 일단 철창 밖으로 나가야 했는데, 그러려면 자물쇠가 굳게 잠긴 문을 열어야 했어. 열쇠는 김 선생이 갖고 있었지. 김 선생은 아프거나 어딘가 불편해 보이는 녀석이 있으면 철창 밖으로 꺼내 이리저리 살펴봤어. 그때가 기회였지.

어느 날, 나는 자리에 드러누워 낑낑거렸어. 꾀병을 부린 거야. 소독약 냄새가 가까이 다가올수록 나의 신음도 점점 커졌어. 김 선생은 주머니에서 열쇠를 꺼내 철창을 열고는 나를 들어 올렸어. 그 순간, 나는 김 선생의 손을 힘껏 깨

물었어.

"아야야!"

나는 그대로 줄행랑을 쳤어. 피 나는 손가락을 움켜쥔 김 선생에게는 미안했지만 어쩔 수 없었지. 내 삶을 주사 한 방에 맡길 수는 없잖아.

숨 막힐 듯 불안한 보호소에 갇혀 있다 오랜만에 맛보는 바깥 공기는 꿀맛이었어. 나는 달콤한 바람을 가슴 깊이 들이마시며 신 나게 달렸지. 햇빛에 반짝이는 초록색 나뭇 잎들이 바람결에 이리저리 흔들렸어.

'아, 여름이구나!'

이번 여름방학에 바다 여행을 갈 거라며 들떠 있던 은수 생각이 났어. 은수는 잘 지내고 있을까? 내가 없어서 어깨 가 축 처져 있는 건 아닐까?

하지만 나에겐 추억에 잠길 여유가 없었어. 갑자기 하늘 에서 후두두둑 소낙비가 내렸거든.

떠돌이 개에게 가장 중요한 건 고픈 배를 채울 먹을 것과 비바람을 막아 줄 곳이었어. 주인이 주는 밥과 집에 길들여졌는데, 갑자기 혼자 살아가자니 참 막막했지. 빵이나 과자를 던져 주는 사람이 가끔 있었지만, 대부분은 지저분한 떠돌이 개를 거들떠보지도 않았어.

어느 날은 꼬마 아이가 나를 쓰다듬으려고 손을 내밀자, 아이 엄마가 달려와 더러운 개를 만지면 병에 걸린다면서 야단을 치는 거야. 밤길에 만난 술 취한 아저씨는 내 옆구리를 걷어차더군.

처음에는 하루하루가 무척 괴로웠지만, 쓰레기통에서 음식을 뒤지고 도랑물로 목을 축이는 떠돌이 생활에 조금씩 익숙해지고 있었어.

하지만 나는 믿고 따를 수 있는 주인이 필요했어. 그렇게 배신을 당하고도 바보같이 왜 또 사람을 찾느냐고? 글쎄, 나도 잘 모르겠어. 길을 가다가 눈빛이 선해 보이는 사람을 보면, '저 사람이라면 날 버리지는 않겠지?' 하는 막연한 기대를 품게 돼. 또다시 버림받으면 어쩌나 하는 두려움도 있었지만, 기대가 더 큰 게 솔직한 심정이었어.

귀청이 찢어질 듯 매미 울음소리가 시끄러운 한낮이었어. 배가 고파 골목길 쓰레기통을 뒤지며 어슬렁거리고 있는데, 어디선가 맛있는 냄새가 났어. 고개를 들어 보니 어떤 아저씨가 손에 든 소시지를 흔들고 있었어. 그것도 다정하게 웃는 얼굴로 말이야.

"배고프지? 이리 온, 쭈쭈쭈."

나는 아저씨 손으로 가까이 다가갔어. 얼마 만에 먹는 소시지인지, 지금도 그때를 생각하면 입에 침이 고여. 아저씨는 내 턱 밑을 살살 쓰다듬으며 말했어.

"맛있지? 저기 가면 더 많이 먹을 수 있다."

아저씨가 손으로 가리킨 곳에는 철창으로 된 네모난 통이 있었고, 그 말대로 소시지가 무더기로 쌓여 있었어. 나는 아저씨가 고마워서 조금도 주저하지 않고 그 안으로 들어갔어.

그때였어. 소시지를 한 입 베어 무는 순간, 철문이 쾅 닫히는 거야. 뭔가 잘못됐다는 생각이 들었어. 목이 터져라 컹컹 짖었지만 아무 소용이 없었지. 나는 그대로 갇힌 채 차에 실렸어.

차가 도착한 곳은 깊은 산속이었어. 고약한 냄새가 코를 찔렀지. 오물 냄새와 함께 뭔가 타는 냄새도 났어. 아저씨는 휘파람을 불며 내가 있는 철창 우리를 들고 어딘가로 갔어.

오, 맙소사! 거긴 지옥이었어. 열 마리쯤 되는 개들이 빼곡히 들어찬 철창 우리가 위아래로 줄지어 있었지. 밥그릇엔 파리가 득실거렸고, 물에서는 썩은 내가 났어. 바닥은 똥오줌 범벅이었지.

거기에는 온갖 종류의 개들이 있었어. 몰티즈, 시추, 요

크셔테리어처럼 작은 개부터 나처럼 커다란 시베리안 허스키와 말라뮤트, 그리고 사람들이 똥개라고 부르는 개까지. 한 가지 공통점이 있다면 모두 어디 하나 성한 데가 없다는 거야.

그 가운데 털이 벗겨지고 온몸에 부스럼이 난 몰티즈가 내게 말을 걸었어.

"난 프린세스야. 네 이름은?"

"난 파도야."

"파도? 근사한 이름이구나."

프린세스는 피부병 때문에 피가 나는 다리를 핥으며 말했어. 나는 그동안 겪은 일들은 프린세스에게 이야기했어. 은수랑 행복했던 시절부터 소시지에 속아서 여기에 오게 되기까지. 이야기가 끝나자 프린세스는 슬픈 눈빛으로 중얼거렸어.

"어쩌면 보호소에서 주사를 맞는 게 나았을지도 몰라."

"뭐? 그게 무슨 소리야?"

"여긴 보호소보다 훨씬 끔찍한 곳이거든. 너도 곧 알게 될 거야."

그때였어. 한 손에 몽둥이를 든 덩치 큰 남자가 어슬렁거리며 다가와 개들을 이리저리 살폈어. 그러더니 나와 프린세스가 갇힌 철창을 열고 프린세스의 목덜미를 거칠게 들어 올리는 거야. 프린세스는 나가지 않으려고 발버둥 쳤어. 나는 펄쩍펄쩍 뛰며 짖어 댔지만, 남자는 아랑곳하지 않고 프린세스를 데려가 버렸어.

잠시 후 프린세스의 고통스러운 비명이 들렸어. 나는 피가 거꾸로 솟는 것 같았어. 하지만 할 수 있는 거라곤 목이 터져라 짖는 것밖에 없었어. 그러자 모습을 드러낸 남자는 화가 난 듯 거칠게 나를 끌어냈어. 내가 남자에게 달려든 순간, 남자가 먼저 몽둥이로 내 등을 후려쳤어.

그때 눈앞이 환해지면서 바닷가에 서 있는 은수가 보였

어. 선장 모자를 쓰고 나를 향해 두 팔을 활짝 벌리고 있었지. 그 품속으로 뛰어들었는데, 눈을 뜨니 여기에 와 있는 거야.

 은수는 잘 지내고 있을까? 프린세스는 어떻게 되었을까? 은수도 프린세스도 모두 보고 싶어.

한걸음 더

유기견

— 사나운 ○ 콧등 아물 틈 없다
— 서당 ○ 3년이면 풍월을 읊는다
— ○밥에 도토리

○ 안에 들어갈 말은 뭘까? 딩동댕! 맞아, 정답은 '개'야.
동서양에는 개를 주인공으로 한 속담이 무척 많단다. 하지만 자세히 살펴보면 '제 버릇 개 못 준다'처럼 개를 업신여기는 것이 대부분이지. 그런데 요즘엔 '개 팔자가 상팔자'라며, 농담처럼 차라리 개가 낫다는 사람들도 있어.
"개 팔자가 상팔자라고 하는데 정말 그런가요?"
개들에게 물어보면 아마 이렇게 대답할걸?
"흥! 개가 웃을 일이네요."
국립수의과학검역원 통계에 따르면 2008년도 유기견수는 약 51,000마리라고 해. 버림받거나 주인을 잃는 개가 하루에 140마리 정도라는 거지. 갑작스러운 사고나 주의 소홀로 주

어느 날 갑자기 주인을 잃은 개는 어떻게 살게 될까?

인이 잃어버리는 경우도 있는데, 문제는 버림받는 개의 수가 날이 갈수록 늘어난다는 거야. '애완동물' 대신 '인생을 함께 한다'는 뜻의 '반려동물'이라는 말이 많이 쓰이는 요즘에도, 귀엽다고 덜컥 샀다가 키우기 힘들다는 이유로 슬쩍 버리는 사람이 많다는 말이지.

　버려진 개들은 어떻게 살게 될까? 사람 손에 길들여진 개가 홀로 세상을 살아가는 건 쉽지 않아. 굶주림과 병을 이겨 내지 못하거나 차에 치여 목숨을 잃게 되는 일도 많거든. 개는 보통 10년에서 15년 정도 살지만, 유기견 가운데 평균 수명을 온전히 채우는 경우는 거의 없다고 볼 수 있어.

구조되어 보호소로 옮겨지는 녀석들은 그나마 운 좋은 편이지만, 보호소도 집이 되지는 못해. 보호소에서는 열흘밖에 머물 수 없거든. 아주 가끔 듣는 능력이 뛰어나고, 성격이 밝고 쾌활한 개들은 청각도우미견으로 뽑히기도 한단다. 청각도우미견은 소리를 잘 듣지 못하는 장애인들을 도와주는 개야. 초인종 소리나 아기 울음소리, 화재 경보음 등이 들리면, 사람에게 몸짓으로 알려 주고 소리가 나는 곳까지 안내를 해. 사람을 돌보며 함께 살아가는 소중한 동반자로 다시 태어나, 도우미견으로 새로운 삶을 찾게 되는 거지. 하지만 이런 경우는 아주 드물단다.

보호소에 있는 동안 주인이 찾아가거나 새로운 주인을 만나 다시 사람 품으로 돌아가는 개는 열 마리 가운데 한두 마리 뿐이야. 그런 경우에도 갑작스레 버림받은 슬픔과 충격,

유기견으로 겪은 일들 때문에 얻은 마음의 상처를 극복하는 데는 많은 시간이 필요해. 모든 동물에게는 감정이 있기 때문이야.

  그럼 나머지 개들은 어떻게 되느냐고? 정해진 날짜까지 주인을 만나지 못한 개들은 약을 맞고 세상을 떠나게 된다고 해. 하지만 어쩌면 보호소에서 숨을 거두는 개들은 그나마 나은 편인지도 몰라. 길거리를 헤매다가 식용견으로 잡혀가는 개들도 많거든. 이래도 '개 팔자가 상팔자'라고 할 수 있을까?

3.
별 헤는 밤

침팬지 이야기

포유류
아프리카에 분포

사람을 닮은 육상동물.
다양한 형태의 무리를 이루며 산다.
도구를 사용할 만큼 지능이 발달한 침팬지는
잡식성 동물로 주로 과일과 나뭇잎을 먹으며
나무 위에서 생활한다.
서식지 파괴, 식용 및 애완용을 목적으로 한
밀렵 등으로 멸종 위기에 빠져 있다.

우주로 떠난 개, 라이카를 아니? 내가 세상에 태어난 건 라이카가 우주로 떠난 지 1년쯤 지나서였어. 세상에는 신기한 게 무척 많았어. 하루하루가 놀라움의 연속이었지.

그중에서도 내 마음을 사로잡은 건 하늘이었어. 하루에도 수십 번 모양과 색을 바꾸는 구름, 온 세상을 붉게 물들이는 태양, 그리고 별들이 속삭이는 밤하늘.

그런데 어느 날부터 숲 속에 낯선 그림자 무리가 나타났어. 야생동물을 잡으러 다니는 사냥꾼들이었지. 그리고 코끼리가 그랬던 것처럼, 나도 사냥꾼에게 잡히고 말았어.

내가 끌려간 곳은 서커스단도 동물원도 아니었단다. 겉보기엔 그저 커다란 건물인데, 안에서는 하얀 옷을 입은 사람들이 무언가를 열심히 하고 있었지. 그곳은 '실험실'이었어. 나 말고도 다른 동물이 많았는데, 모두 이상한 이름을 가지고 있었어. '65번', 그건 내가 받은 이름이었지.

실험실에 온 지 얼마쯤 지나자 사람들은 차갑게 빛나는

기계 앞에 나를 앉혔어. 손잡이와 단추가 달린 기계에는 전선이 이리저리 복잡하게 연결되어 있었어.

"65번! 앞에 있는 손잡이 보이지? 전구가 반짝이면 손잡이를 당기는 거야."

사람들은 몇 번이나 시범을 보여 줬지만, 나는 어떻게 해야 할지 몰라 멍하니 있었어. 그랬더니 발바닥이 찌릿찌릿 아파 오는 거야. 난생처음 느껴 보는 아픔이었지. 아파하는 나를 보며, 사람들은 양손에 든 사과와 전기 충격기를 흔들며 말했어.

"65번. 잘하면 상으로 달콤한 사과를 받지만 못하면 발바닥이 꽤 얼얼할 거다."

그리고 훈련이 끝날 때면 늘 이렇게 말했지.

"명심해라, 65번. 살아 돌아오는 게 네 임무다."

'살아 돌아오는 게 내 임무라고?'

궁금해할 틈도 없이 낮에는 여기저기로 끌려다니며 훈련

을 받고, 밤이면 실험실 창살에 갇히는 게 내 하루였어. 불이 꺼지면 창밖으로 달빛이 희미하게 빛났지. 두려움과 외로움에 빠진 나를 위로해 준 건 붉은털원숭이였단다.

"많이 힘들지. 발바닥을 어루만지면 좀 나아질 거야."

실험실 동물 가운데 가장 뛰어난 붉은털원숭이는 사람들의 기대를 한 몸에 받고 있었어. 나는 붉은털원숭이에게 물었어.

"우린 어디로 가는 거야? 대체 어디로 가는데 살아오는 게 임무란 거야?"

붉은털원숭이는 실험실 창밖을 가리키며 말했어.

"하늘 저 멀리, 별이 반짝이는 우주로 가는 거야."

"농담 마. 날개도 없는데 우리가 어떻게 가?"

"우주선을 타고 가는 거야. 라이카 이야기 모르니?"

우주로 날아간 개 라이카, 사람보다 먼저 우주를 여행한 동물. 붉은털원숭이는 눈을 반짝이며 라이카 이야기를 들려주었어.

"라이카는 지금 어디 있어? 라이카도 여기에 있는 거야? 만나고 싶어. 더 많은 이야길 직접 듣고 싶다고."

그러자 붉은털원숭이는 힘없는 목소리로 대답했어.

"그건 불가능해. 라이카는 지구로 돌아오지 못했거든. 저 우주에서 영원히 잠들고 말았어."

"그게 무슨 소리야? 그럼 우리도 죽는다는 거야?"

내가 흥분해서 소리치자 붉은털원숭이가 말했어.

"아니, 그렇지 않아. 지금은 과학 기술이 발전해서 우리는 지구로 돌아올 수 있을 거래. 그러면 고향으로 돌아갈 수 있어."

"고향?"

"그래. 사람 대신 우주로 가는 거니까, 우리가 성공하면 그다음부터는 사람들이 직접 나설 거야. 그럼 우리는 원래 살던 곳으로 데려다 주겠지."

"정말? 정말 그렇게 될까?"

내가 떨리는 목소리로 묻자 붉은털원숭이는 자신 있게 대답했어.

"당연하지! 필요 없는 동물을 데리고 있을 리 없잖아. 그러니까 여기서 벗어나는 길은 우주에서 살아오는 거야. 나는 꼭 고향으로 돌아갈 거야."

그날 뒤로 난 사람이 시키는 건 무조건 열심히 했어. 그러자 사과를 먹는 날이 점점 많아졌지.

'살아서 돌아오자. 살아서 고향으로 돌아가자.'

그러던 어느 날, 붉은털원숭이가 들뜬 얼굴로 말했어.

"드디어 그날이 왔어. 나, 내일 우주로 떠나."

마치 내가 떠나는 것처럼 가슴이 쿵쾅거렸어. 하지만 한편으론 걱정이 되었지.

'살아 돌아오면 다행이지만 만약, 만약에……'

그 마음을 알아챈 걸까? 붉은털원숭이는 날 바라보며 이렇게 말했어.

"난 꼭 살아 돌아올 거야. 다녀와서 라이카 대신 우주가 어떻게 생겼는지 이야기해 줄게."

다음 날, 사람들은 붉은털원숭이를 태운 우주선을 하늘로 쏘아 올렸어. 우주선은 저 멀리 우주로 날아갔지. 얼마 뒤에 우주선은 지구로 무사히 돌아왔고, 사람들은 기뻐하며 사진을 찍어 댔어.

하지만 붉은털원숭이는 나와 한 약속을 지키지 못했단다. 우주에 가느라 몸에 붙였던 기기들을 떼는 수술을 받다가 그만 죽고 말았거든.

그로부터 2년이 흘렀어. 그동안 내 이름은 '65번'에서 '햄(Ham)'으로 바뀌었어. 어느 날 사람들은 나를 우주선으로 데려갔어. 연습할 때 쓰던 게 아니라 진짜 우주선이었지. 얼마 뒤 귀가 찢어질 듯한 소리와 함께 내가 탄 우주선이 하늘로 날아올랐어.

넓고 넓은 우주에 나 혼자 있다는 것이 외롭고도 무서웠어. 붉은털원숭이도, 라이카도 그랬을까? 하지만 사람들은 자꾸 신호를 보냈고, 나는 연습한 대로 빛을 따라 손잡이를 잡아당겼지.

시간이 얼마나 흘렀을까. 갑자기 우주선이 흔들리기 시작했어. 나는 밖으로 도망치고 싶었지만, 굳게 잠긴 문은 꿈쩍도 하지 않았어. 곧 우주선은 어디론가 쿵 하고 떨어졌고, 잠시 뒤 안으로 차가운 물이 스며들기 시작했어. 그 뒤로 난 정신을 잃었던 것 같아.

"찰칵 찰칵 찰칵!"

정신이 든 건 요란스러운 사진기 소리 때문이었어. 눈을 뜨니 우주선 문은 활짝 열려 있었고, 누군가 나에게 사과를 내밀었어. 내가 사과를 받자 사람들은 다시 사진을 찍어 댔어. 그 사진은 신문과 방송을 타고 퍼져 나갔지.

"사람을 태울 우주캡슐 마지막 실험 대 성공!"

"침팬지 햄, 무중력 상태에서 계기판 조작 가능을 증명!"

이제 사람들은 직접 우주로 나가기 시작했어. 몇 년 뒤에는 달에 가는 것도 성공했지. 나는 어떻게 되었느냐고?

붉은털원숭이가 말한 것처럼 사람들은 더는 나를 실험실에 두지 않았어. 그렇다고 고향에 데려다 준 건 아니란다. 사람들은 내가 가야 할 곳이 숲이 아니라 동물원이라고 생각했나 봐. 실험실에서 동물원으로 바뀌었을 뿐, 나는 남은 삶을 철창에 갇혀 지내야 했어.

우주에서 지구로 무사히 돌아오기는 했지만, 나는 조금도 기쁘지 않아. 돌아오지 못했다면 어땠을까? 그랬다면 행복했을까?

한걸음 더

동물실험

누구도 간 적 없는 미지의 땅! 그곳에 처음으로 발자국을 남긴다면 얼마나 좋을까? 사람들은 먼 옛날부터 탐험을 했어. 바다를 건넜고, 높은 산에 올랐고, 얼음으로 뒤덮인 극지방에도 다녀왔지. 지구 곳곳에 발자국을 새긴 사람들의 시선은 어느새, 하늘 너머 우주로 향했어.

20세기 중반, 미국과 러시아(구 소련)는 우주 정복을 위한 경쟁을 시작했어. 1957년 10월, 러시아는 스푸트니크 1호를 우주로 쏘아 올리는 데 성공해. 이에 당황한 미국은 항공우주국(NASA)을 만들었고, 사람을 태운 우주선을 개발하기 위해 온 힘을 기울였어.

하지만 우주에서 사람에게 무슨 일이 일어날지는 아무도 알 수 없었어. 그래서 사람들은 동물을 먼저 우주에 보내기로 했어. 개는 다루기 쉬워서, 원숭이와 침팬지는 유전적으로 인간과 가장 가깝다는 이유로 선택되었지.

스푸트니크 1호를 발사한 지 한 달 뒤, 러시아는 다시 세계

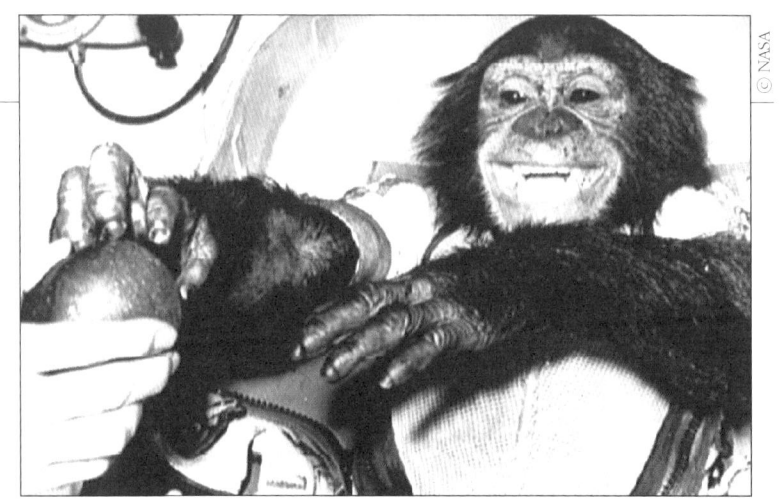
웃는 듯한 이 표정이 두려움을 뜻할 수도 있어.

를 놀라게 했어. 우주개로 유명한 '라이카'가 탄생한 거야. 라이카는 거리를 떠돌던 개였는데, 혹독한 훈련 끝에 우주로 날아간 최초의 개가 되었지.

그런데 라이카는 지구로 돌아오지 못했어. 당시 과학 기술로는 우주선을 쏘아 올리는 것만 가능했기 때문이야. 그래서 라이카는 일주일 뒤에, 미리 장치된 주사를 맞고 죽는 걸로 계획되어 있었지.

하지만 우주선이 발사되자 라이카는 엔진 소리와 진동에

놀라 발버둥 쳤어. 심장박동은 급격히 빨라졌지. 단열재까지 떨어져 나간 우주선의 온도가 섭씨 41도까지 오르면서, 결국 라이카는 지구를 떠난 지 몇 시간 만에 목숨을 잃고 말았어. 이 실험으로 사람들은 무중력 상태에서는 온도와 습도를 조절해야만 생명체가 살 수 있다는 결과를 얻게 돼.

　라이카가 최초의 우주개였다면 '햄(Ham)'은 우주를 여행한 최초의 침팬지야. 아프리카에서 잡혀 미국 공군기지로 넘겨진 햄은 우주 비행 훈련을 받게 돼. 그 이름은 훈련을 받던 기관의 머리글자에서 따온 것이었지.

　2살 때부터 훈련을 받은 햄은 1961년 1월에 우주로 쏘아 올려졌어. 우주선에 사람을 태울 수 있는지, 무중력 상태에서 사람이 복잡한 계기판을 다룰 수 있는지 알아보기 위한 마지막 실험이었지.

　다행히 햄은 무사히 지구로 돌아올 수 있었어. 하지만 산소가 일찍 바닥나 무중력 상태에서 2분가량을 더 견뎌야 했고,

우주선도 예상 장소를 벗어난 바다에 겨우 착륙했단다.

라이카와 햄을 비롯해 거미, 달팽이, 쥐 등 숱한 동물을 실험한 끝에 인류는 꿈에 그리던 우주 비행에 성공해. 1961년 4월, 최초의 우주인이 된 유리 가가린은 우주에서 본 지구를 이렇게 표현했어.

"지구는 물감을 풀어 놓은 아름다운 팔레트 같다!"

그리고 1969년에 아폴로 11호를 타고 달 착륙에 성공한 닐 암스트롱은, '이것은 인간의 작은 발자국이지만, 인류에게는 위대한 도약'이라는 명언을 남겼지.

하지만 물감을 푼 팔레트처럼 아름다운 지구를 보기까지, 달에 발자국을 남기기까지 많은 동물들이 강제로 희생당했다는 것을 우리는 기억해야 할 거야.

4.
0.07평의 감옥

닭 이야기

조류

전 세계에 분포

날개가 퇴화한 새.
약 4000년 전에 야생 닭을 길들인 것이라고 한다.
닭은 머리에 붉은 볏이 있고 다리가 튼튼하다.
우리나라에서는 언제부터 길렀는지 정확히 알 수 없으나
신라 건국 신화에 나오는 것으로 보아
삼국시대 이전부터 기른 것으로 보인다.

엄마를 잃고 잡혀간 코끼리, 사람에게 버림받은 강아지, 목숨을 걸고 우주에 다녀온 침팬지. 이상하게 들릴지도 모르지만, 나는 너희가 부러워. 너희는 땅을 밟아 보고, 따뜻한 볕을 쬐어 보고, 파란 하늘도 보았으니까. 그리운 엄마가 있고, 돌아가고픈 고향도 있으니까. 그게 얼마나 행복한 건지 너희는 모를 거야.

나는 공장에서 태어났어. 햇빛 한 줄기 들지 않는, 닭을 뚝딱 찍어 내는 거대한 공장이 내 고향이야. 그렇다고 날 이상한 눈으로 쳐다보진 마. 나는 닭처럼 생긴 로봇이 아니라 진짜 닭이니까. 세상의 모든 새들이 그렇듯 나도 알에서 태어났어.

그런데 내가 세상에 태어나 가장 처음 본 게 무엇인지 아니? 둥근 빛이었어. 알을 깨고 나왔을 때 축축했던 깃털은, 머리 위에서 내리쬐던 빛의 열기 때문에 금세 말랐단다.

주위는 나 같은 병아리들로 가득했어. 커다란 상자에 갇

혀 둥근 빛만 바라보는 병아리들이었지. 우리는 빛을 보며 한목소리로 외쳤어.

"우릴 안아 줘요. 우릴 안아 달라고요!"

아무리 목이 터져라 외쳐도, 둥근 빛은 꿈쩍하지 않았어. 기운이 빠져 바닥에 주저앉을 무렵, 검은 그림자가 나타났어. 그림자는 우리가 든 상자를 들고 걸음을 옮겼어. 그러자 바닥이 이리저리 심하게 흔들렸고, 모두 겁에 질려 소리를 질러 댔지.

"살려 주세요! 살려 주세요!"

걸음을 멈춘 그림자는 커다란 통으로 우리를 쏟아부었어. 거기도 이미 다른 병아리들로 가득 차 발 디딜 틈도 없었어. 검은 그림자는 병아리 몇 마리를 잡더니 빠른 속도로 수컷과 암컷을 나누었어. 나는 그 손에 잡히지 않으려고 이리저리 도망쳤지만, 곧 암컷만 모인 통으로 떨어졌어. 그곳 역시 병아리가 너무 많아 숨이 턱턱 막혔지.

한바탕 난리를 겪은 우리는 또 다른 공장으로 옮겨졌단다. 병아리를 닭으로 키우는 곳이었지. 우리는 털갈이를 하고 어른 닭이 될 때까지 그 공장에서 살아야 했어. 그럼 수평아리들은 어디로 갔느냐고? 나도 알고 싶어. 그렇게 옮겨진 뒤로는 한 번도 보지 못했거든.

어느 날, 그림자가 기계를 들고 나타나더니, 병아리 한 마리를 잡고서 그 사이에 부리를 집어넣었어.

"딱 딱 딱."

그건 딱딱 소리를 내며 부리 끝을 자르는 기계 소리였어. 우리는 영문도 모른 채 부리 끝이 잘리는 아픔을 겪어야 했어. 그때를 생각하면 지금도 온몸의 털이 쭈뼛 서는 것 같아.

우리가 어엿한 닭의 모습을 갖출 무렵이었어. 검은 그림자는 예전에 그러던 것처럼 우리를 마구잡이로 상자에 쑤셔 넣었어. 그런데 이상하게도 고통이 느껴지지 않는 거야.

오히려 기분 좋은 냄새가 코끝을 간질였지. 처음 맡아 보는 냄새였어. 눈을 뜨니 놀라운 광경이 눈앞에 펼쳐져 있었어. 그동안의 고통을 잊을 만큼, 황홀한 풍경이었지.

가슴속까지 뻥 뚫리는 상쾌한 바람, 따뜻한 햇볕, 두 발로 뛰어다니고 싶은 넓은 땅. 공장에서 나고 자란 내가 처음으로 본 바깥세상이었어. 모든 게 낯설었지만, 난 본능으로 알았어. 내가 살아야 할 곳은 저기라는 것을! 우리는 땅에서 살아야 한다는 사실을!

하지만 그 운명을 따를 순 없었어. 우리를 실은 차는 뿌연 먼지를 일으키며 땅에서 멀어져 갔지. 도착한 곳은 또 다른 공장이었는데, 전보다 훨씬 끔찍했단다. 문을 열기도 전에 고약한 냄새가 코를 찔렀고, 닭들의 비명으로 귀가 멍멍할 지경이었지.

그림자가 문을 열자 지옥 같은 광경이 보였어. 옆으로 다닥다닥 붙어 있는 철창 우리들이 3층 높이로 쌓여 있었고,

그 안은 수많은 닭들로 가득했지. 모이통과 알받이통이 놓인 바닥은 똥오줌으로 아주 더러웠어.

"여기서 꺼내 줘, 꺼내 달라고!"

그림자는 싣고 온 닭들의 날갯죽지를 잡더니 그 안으로 쑤셔 넣었어. 그러자 이미 있던 닭들이 쪼아 대기 시작했어. 피하고 싶었지만 너무 좁아 옴짝달싹도 할 수 없었어. 닭들의 텃세에 시달리면서 나는 어서 불이 꺼지는 캄캄한 밤이 되길 기다렸어. 그러면 좀 잠잠해질 거라 생각했거든.

그런데 이상한 일이지. 시간이 한참 흘러도 불은 꺼지지 않았고 대낮처럼 환하기만 했어. 닭들은 밤인지 낮인지도 모른 채 미친 듯이 비명을 질러 대며 알을 낳아야 했어. 그곳은 알을 낳는 공장이었던 거야.

시간이 얼마나 흘렀을까. 하루에 서너 번 자동으로 채워지는 먹이를 먹고, 기계처럼 알만 낳다 보니 나도 점점 정신이 이상해지는 것 같았어. 옆에 있는 닭을 쪼고 싶은 마음이 불쑥불쑥 솟구쳤지.

이런 나를 구해 준 건 옆 철창에 갇힌 '미친날개'였어. 미친날개는 공장에 갇힌 닭 가운데 유일하게 별명을 가지고 있었어. 내가 처음 보았을 때는 알을 낳는 게 믿기지 않을 정도로 비쩍 말라서 금방이라도 픽 쓰러질 것 같았지. 그런데도 미친날개는 하루에도 수십 번씩 기를 쓰며 날갯짓을 했어. 그것도 이상한 노래를 부르면서 말이야.

활짝 날개를 펴고 밖으로 나가자
꿈틀꿈틀 지렁이도 먹고 아삭아삭 배춧잎도 먹고
보들보들 흙 위에서 이리 뒹굴 저리 뒹굴
활짝 날개를 펴고 밖으로 나가자

신경이 날카로운 닭들은 미친날개의 목덜미를 매섭게 쪼며 욕을 해 댔어. 이상하게도 나는 그 노랫소리를 들으면,

차에 실리던 날 본 풍경이 눈앞에 어른거리면서 마음이 편안해졌어. 그 뒤로 나는 미친날개와 친해졌지.

　미친날개는 날이 갈수록 더욱 말라 갔어. 먹이에서 이상한 냄새가 난다며 잘 먹지 않았거든. 하루는 껍데기가 얼룩덜룩한 달걀을, 또 어느 날은 물렁물렁한 달걀을 낳던 미친날개는 급기야 며칠 내내 알을 하나도 낳지 못했어. 그러자 알을 가지러 온 그림자가 미친날개를 잡아 꺼내더니 빈 수레에 던져 버렸지.

　미친날개는 다리가 부러졌는지 수레에서 일어서지도 못한 채 버둥거렸어. 나는 날개를 파닥거리며 소리를 질렀어. 그러자 미친날개는 가늘게 떨리는 목소리로 말했어.

　"어쨌든 살아야 해. 살아야 흙도 밟을 수 있고, 무지개도 볼 수 있어. 수탉을 만나면 예쁜 병아리도 낳을 수 있지. 그러니, 끝까지 포기하지 말고 살아."

　미친날개가 남긴 마지막 말이었단다. 그 뒤로 나는 힘들고 지칠 때면 미친날개를 떠올리며 기운을 냈어. 하지만 행운은 내 편이 아니었나 봐.

어느 날, 흰옷을 입고 커다란 마스크를 쓴 사람들이 우르르 들어오더니 우리를 꺼내 주었어. 나는 드디어 여기에서 탈출하는 거라고 생각했지. 그런데 사람들은 우리를 땅에 놓아주는게 아니라 자루에 쑤셔 넣었어. 그러고는 자루를 차에 실었지.

울퉁불퉁한 길을 지나 한참을 달린 뒤에야 차는 멈추었어. 흰옷 입은 사람들이 커다란 구덩이를 파고 거기에 우리를 내던지기 시작했어. 내 얼굴 위로 차가운 흙덩이가 떨어졌어. 내가 상상한 흙은 이런 게 아니었는데. 나는 보드라운 흙을 두 발로 밟고 싶었지, 흙 속에 파묻힐 거라고는 생각하지 않았는데. 나는 닭으로 태어났지만, 단 1초도 그렇게 살지 못한 거야.

한 걸음 더

대량 사육

♪ 나리 나리 개나리 입에 따다 물고요
　병아리 떼 종종종 봄나들이 갑니다

　봄볕을 쬐며 노는 병아리들이 떠오르는 이 노래는 1930년대 말에 지어졌단다. 그때는 어미 닭 꽁무니를 따라다니며 마당에서 노는 병아리들을 쉽게 볼 수 있었지.
　하지만 지금은 달라. 공장식 농장이 들어서면서 이런 풍경은 점차 사라져 갔어. 또 사육되는 동물의 수는 크게 늘어났지만, 그 수명은 크게 줄어들었지. 자연 상태의 닭은 보통 10년 이상을 사는데, 공장식 농장에서는 30일에서 길어야 2년 정도밖에 살지 못하거든. 사람으로 치면 80세까지 살 수 있는데 6개월에서 12세까지 살다 죽는 거야. 이렇게 닭의 수명이 턱없이 짧아진 까닭은 무엇일까?
　공장식 농장의 병아리들은 온도와 습도를 맞춘 인공 부화실에서 태어나는데, 암컷이냐 수컷이냐에 따라 삶이 달라져.

우리에 갇혀 쉬지 않고 알을 낳는 닭이 건강할 수 있을까?

　암평아리들은 사육장으로 옮겨지지만, 알을 낳지 못하는 수평아리들은 죽게 되지. 공장식 농장의 목적은 빠른 시간 안에, 최소한의 돈으로, 최대한 많은 이익을 내는 것이거든.
　암평아리들은 닭이 되면, 고기로 쓰이는 '고기닭'과 달걀을 낳는 '산란 닭'으로 나뉘어. 고기닭은 보통 30일에서 70일 정도 살다가 요리 재료로 쓰이고, 산란 닭은 양계장으로 옮겨가 살게 돼. 평생을 눈부신 불빛 아래 0.03평의 비좁은 철창에 갇히는 것이지. 그리고 기력을 다해 알을 낳지 못하게 되면 고기닭으로 팔려 가는 거야.

비좁은 곳에 모여 있는 닭들은 스트레스를 받는데, 이때 부리로 서로를 쪼기도 해. 약한 닭은 곧 죽어 버리지. 그런 일을 막기 위해 닭의 부리를 자르는데, 이건 우리가 손발톱을 깎는 것과는 많이 달라. 부리에는 뼈와 연골뿐만 아니라 미세한 아픔까지 느끼는 신경조직이 있어서, 부리가 잘릴 때 닭은 큰 고통을 겪게 된단다.

최근 몇 년 사이 조류독감이 퍼지면서 수많은 닭이 죽었어. 조류독감은 닭뿐만 아니라 사람의 생명까지 앗아 갈 수 있는 무서운 병이야. 닭처럼 대량 사육되는 돼지에게서 생긴 돼지인플루엔자 역시 사람의 생명을 위협했어. 이런 병이 생기는 이유를 정확히 밝히지는 못했지만, 전문가들은 동물을 사육하는 환경의 영향이 아닐까 생각하고 있어. 비위생적인 우리, 건강하지 못한 먹이 때문에 생기는 스트레스와 관련이 있다고 보기 때문이야.

역시 대량 사육되는 소도 무서운 병에 걸리고 말았단다. 소는 원래 풀을 먹고 사는데 사람들은 풀 대신 곡물을 먹였어. 고기가 부드러워진다고 말이야. 그리고 적은 비용으로 소를 살찌우기 위해 건강하지 않은 사료를 먹였지. 그러자 뇌에 구멍이 뚫리는 광우병에 걸려 제대로 서지도 못한 채 쓰러져 죽어 가는 소들이 생겨났어. 이런 소를 먹은 사람들도 같은 병에 걸렸지. 지금까지 광우병으로 목숨을 잃은 사람이 세계적으로 수백 명이나 된다고 해.

　너른 마당에서 먹이를 찾아다니며 살았던 닭, 알고 보면 호기심 많고 활동적인 돼지, 풀을 먹고 사는 소……. 사람뿐만 아니라 살아 있는 모든 것들은 건강하고 행복하게 살고자 하는 본능이 있어. 그런데 눈앞의 이익을 위해 이 모든 것들을 무시한다면, 동물들의 고통은 더 큰 재앙으로 우리에게 되돌아올지 몰라.

5.
바퀴 달린 괴물

너구리 이야기

포유류

유럽과 아시아, 북미에 분포

겨울잠을 자는 야행성 동물.
주둥이가 뾰족하고 꼬리가 뭉툭한 너구리는
야행성 동물이지만 낮에 활동하기도 한다.
들쥐부터 나무 열매까지 먹는 잡식성 동물로
11월 중순부터 3월 초순까지 겨울잠을 잔다.
너구리는 개발로 서식지가 사라져
도심에 둥지를 틀기도 한다.

"으악!"

소스라치게 놀라며 잠에서 깬 나를 엄마는 부드럽게 핥아 주었어.

"아가, 또 바퀴 달린 괴물 꿈을 꿨니?"

엄마 얼굴을 보며 나는 고개를 끄덕였어.

"괜찮아. 엄마가 곁에 있잖아."

나는 엄마의 따뜻한 품으로 파고들었어. 바퀴 달린 괴물. 그 괴물을 가까이서 본 적은 없었지만, 소문을 들었기에 훤히 알고 있었지.

산에 바퀴 달린 괴물이 나타난 건 여름이었어. 처음에는 덩치가 어마어마하게 큰 괴물들이 나타나 온 산을 헤집어 놓더니, 얼마 뒤 딱딱하고 시커먼 길이 생겼어. 그 위로 바퀴 달린 괴물들이 쌩쌩 달렸지. 이빨도 발톱도 없지만 세상 무엇보다 무서운 괴물. 우리 너구리뿐만 아니라 산에 사는 모든 동물에게는 두려움 그 자체였어. 멀리서 달려오는 괴물과 부딪히면 끔찍한 일이 벌어졌거든.

"내일 밤에는 떠나야겠다."

엄마는 바퀴 달린 괴물이 없는 곳으로 가자고 했어. 하지만 나는 고향을 떠나고 싶지 않았어.

"정말 가야 해요?"

엄마는 한숨을 내쉬며 말했어.

"어쩔 수 없단다. 여기에 있다간 어떻게 될지 몰라."

엄마 말은 사실이었어. 우리가 살던 곳은 이미 파헤쳐져 붉은 흙을 드러낸 지 한참이었어. 산이 엉망이 되자 열매와 개구리, 들쥐를 찾기 힘들어졌고, 배를 곯는 날이 점점 많아졌어.

"여길 떠나서 어디로 가요?"

엄마는 구름에 가려 희미해진 보름달을 보며 말했어.

"저기, 달 아래에 있는 산 보이지? 여기서 꽤 멀지만 거기에는 바퀴 달린 괴물도 사람도 얼씬하지 않는대."

나는 사람이 없다는 말에 마음이 놓였어. 친구가 덫에 걸려 잡혀간 것을 본 뒤로는 사람 냄새만 맡아도 소름이 돋았거든.

다음 날 밤, 엄마와 나는 길을 떠났어. 쉬지 않고 걸었더니 목이 마르고 다리는 욱신거렸지. 마침 옹달샘을 발견한 우리는 잠시 쉬기로 했어.

달빛에 비친 옹달샘은 흙탕물처럼 지저분했어. 그래도 마른 목을 채우려고 물을 핥았는데, 그만 몽땅 뱉어 버렸어. 퀴퀴한 냄새가 나고 맛도 고약했거든.

"물맛이 이상해요."

"물도 더러워진 모양이구나. 우리 조금만 참자. 조금만 더 가면 깨끗한 물을 찾을 수 있을 거야."

눈앞에 물을 두고도 마실 수 없자 갈증은 더욱 심해졌어. 다시 걷기 시작해 시간이 얼마나 지났을까, 먼동이 트고 있었어. 그런데 부지런히 걷던 엄마가 갑자기 걸음을 멈추었어. 엄마의 수염이 바짝 곤두섰지.

"무슨 일이에요?"

우리 눈앞에 풀 한 포기 자라지 않는, 죽은 땅이 펼쳐졌어. 딱딱하게 굳어 버린 검은 땅. 그건 바퀴 달린 괴물이 다니는 길이었어. 이렇게 가까이서 보는 건 처음이었지.

숲을 반으로 동강 낸 검은 땅은 끝이 보이지 않을 만큼 길었어. 가까이 다가가려는 나를 엄마가 막아섰어. 엄마는 땅에 코를 대고 조심스레 냄새를 맡았어.

"느낌이 안 좋구나. 어서 여길 건너자."

보름달 아래에 있는 산으로 가려면 그 길밖에 없었어. 나는 엄마의 뒤를 따라 조심스레 발을 내딛었어. 차갑고 오싹한 느낌이 발바닥을 타고 온몸으로 전해졌어. 우리가 길을 반쯤 건넜을까, 갑자기 하늘에서 푸드덕 날갯짓 소리가 들렸어.

"위험하다, 위험해!"

꿩 한 마리가 우리 머리 위를 날고 있었던 거야.

"괴물이 온다! 빨리 건너, 빨리빨리!"

그 말에 엄마와 나는 정신없이 내달렸어. 숲에 몸을 숨기고 가쁜 숨을 몰아쉬는데, 저 멀리서 요란한 소리가 들렸어. 바퀴 달린 괴물이 나타난 거야.

괴물은 노란 불빛을 내뿜으며 무서운 속도로 달려와 우리 앞을 지나갔어. 입안은 바싹 타 들어가고 다리는 덜덜 떨렸지. 바퀴 달린 괴물을 코앞에서 보는 건 처음이었거든.

"여기는 위험해. 멀리멀리 도망가!"

꿩은 마지막 말을 남기고 훨훨 날아갔어.

너구리는 낮에 쉬고 밤에 움직이는 동물이지만, 바퀴 달린 괴물을 맞닥뜨린 엄마와 나는 쉬지 않고 걸었어. 햇볕이 머리꼭대기에서 내리쬘 무렵, 갑자기 하늘이 어두워지고 굵은 빗방울이 떨어지기 시작했어. 앞이 보이지 않을 정도로 퍼붓는 비 때문에 발걸음은 천근만근 무거웠어.

엄마와 나는 썩어 가는 나무 구멍에 들어가 잠시 쉬기로 했어. 그런데 뿌연 빗줄기 사이로 뭔가 굼틀거리는 게 보였어. 이상한 소리도 들렸지.

"엄마, 저기 좀 봐요. 뭐가 움직여요."

엄마와 나는 그곳으로 조심스레 다가갔어. 가까이 갈수

록 소리는 점점 크게 들려왔어. 풀숲을 헤쳐 보니, 고라니가 검은 땅 위에서 가쁜 숨을 몰아쉬고 있었어.

"도와줘. 불빛이 번쩍하더니 이렇게 되고 말았어."

고라니는 뼈가 부러졌는지 일어서지도 못했어. 엄마와 나는 고라니를 길 밖으로 밀어내려고 안간힘을 썼어. 괴물이 또 언제 나타날지 모르니까. 하지만 역부족이었어. 우리가 애를 써 보았지만 결국 고라니는 숨을 거두고 말았단다. 할 수 없이 우린 다시 걷기 시작했어. 엄마도 나도 뒤에 남겨진 고라니를 자꾸 돌아보며 말이야.

길을 떠난 지 사흘이 지나서야 간신히 새 보금자리에 도착했어. 그런데 내가 지렁이 한 마리를 먹으려고 하자, 다른 너구리가 잽싸게 채 가며 소리를 질렀어.

"이건 우리 거야. 여기서 당장 떠나!"

그러자 엄마가 말했어.

"아니, 지렁이 한 마리 가지고 왜 그리 야박하게 굴어요?

여기까지 오느라 길을 몇 번이나 건넜는지 알아요? 목숨 걸고 간신히 왔다고요!"

"흥! 여기는 살 만한 것 같죠? 저 뒤로 가면 길이 뻥뻥 뚫렸어요. 거기 살던 동물들이 몽땅 이리로 와서 우리도 하루하루가 전쟁이에요, 전쟁. 그러니 당장 떠나요!"

다시 떠나야 한다니 눈앞이 캄캄했지만 어쩔 수 없었어. 거기에 있다가는 우리를 가만두지 않을 것 같았거든. 결국 엄마와 나는 다른 곳을 찾아가기로 했어.

하지만 산 곳곳에는 사람의 흔적이 있었어. 쓰레기, 덫, 바퀴 달린 괴물들……. 사람들이 다니는 길이 넓어질수록 우리가 사는 땅은 좁아지고 있었지.

밤길을 걷던 엄마는 나를 수풀로 데려가더니 거듭해서 말했어.

"먹이를 찾아 올 테니까 여기서 움직이면 안 돼. 알았지? 금방 다녀올게."

나는 피곤함을 못 이겨 꾸벅꾸벅 졸다가 깜짝 놀라 잠에서 깼어. 바퀴 달린 괴물의 소리를 들은 것 같았거든. 순간, 며칠 전에 꾼 악몽이 생각났어. 바퀴 달린 괴물이 엄마를 덮친 그 악몽 말야. 불안함을 떨치지 못한 나는 엄마 말을 어기고 수풀 밖으로 뛰어나왔어.

"엄마, 엄마! 어디 있어요?"

그때 저 앞에 바퀴 달린 괴물이 달리는 길이 보였어. 나는 그 위에 엄마가 있을까 마음을 졸이며 다가갔어. 하지만 아무것도 보이지 않았지.

'휴, 다행이다.'

마음을 놓으며 뒤돌아서는데 갑자기 저 앞에 환한 불빛이 보였어. 바퀴 달린 괴물이 내 얼굴을 비추는 순간, 나는 너무 무서워서 눈을 감아 버렸어. 동시에 엄마 얼굴이 떠올랐어. 엄마는 어디 있을까? 엄마……, 엄마가 보고 싶어.

한걸음 더

로드킬

　지구에 처음으로 만들어진 길은 어떤 것이었을까? 최초의 생명이 무엇인지는 밝혀지지 않았지만, 그 생명체가 움직인 흔적이 최초의 길 아닐까?

　지구가 태어난 지 38억 년이 흐르는 동안, 수많은 생명들이 길을 만들었어. 그리고 사람이 등장하면서 지구의 길은 점점 넓어졌지. 사람이 모인 작은 마을이 도시로, 도시가 모여 나라가 되면서 길은 자연스럽게 늘어났어. 땅과 강, 바다에 난 길 덕분에 사람들은 작은 물건과 먹을거리부터, 종교와 문화까지 주고받을 수 있었어.

　과학 기술이 발전하면서 비행기가 다니는 하늘길까지 열렸어. 또 땅에는 자동차가 늘어나면서 넓고 매끈하게 포장된 길이 생기기 시작했어. 논밭은 물론 높은 산에 깔린 길은 세상을 더욱 가깝게 연결해 주는 것 같았지.

　그런데 자동차가 다니는 길은 오로지 사람만을 위하는 길이었단다. 산에 길이 생기면서, 그곳에 살던 동물들은 보금자

갑자기 생긴 도로는 동물의 삶에 어떤 영향을 줄까?

리를 잃고 멀리 떠나야 했어.

　자동차를 타고 산길을 가다가 갑자기 튀어나온 동물 때문에 놀란 적 없니? 우리 나라는 넓은 도로가 특히 많은 나라야. 사방 1km 간격으로 도로가 놓여 있지. 차가 드문 도로도 많단다. 그런데도 여전히 산과 들과 강을 깎고 파헤쳐 길을 놓는 공사가 이어져. 도로가 늘어난 만큼 보금자리를 잃은 동물도 많아졌지.

　원래 산이었던 곳에 갑자기 생긴 길을 동물들은 이해하지 못해. 아무도 말해 주지 않았으니까. 그래서 차에 부딪혀 다치거나 때로는 생명까지 잃기도 하지.

이런 사고가 잦아지자 '로드킬(roadkill)'이라는 말도 생겼단다. '길(road)에서 죽는다(kill)'는 뜻이야. 로드킬로 생명을 잃은 동물로는 고라니, 너구리, 개구리, 새, 뱀, 곤충 등 그 종류도 많단다.

우리나라와 중국 일부 지역에서만 사는 고라니는 11월과 12월에 짝짓기를 하고, 6월에서 7월까지는 새끼를 낳아. 이때 새끼를 낳을 적당한 곳을 찾다가 사고를 당한다고 해.

38억 년 전 지구가 생긴 뒤로 5번의 대멸종 시기가 있었대. 소행성과 충돌하거나 큰 지각변동이 있었기 때문이지. 그런데 지금은 그때에 비해 훨씬 빠른 속도로 생물들이 사라진다고 해. 유엔은 하루에 최고 150종의 생물이 지구에서 멸종하고 있다고 발표했어.(2007년 발표) 그 원인은 여러 가지야. 하지만 무엇보다 기후변화와 개발로 생긴 삶의 터전 파괴가 큰

문제가 되고 있어.

　산에 도로가 깔리면 동물들은 갑자기 살 곳을 잃게 돼. 또 여기저기로 옮겨 다니며 사는 동물들은 갑작스러운 변화에 당황하지. 새로운 보금자리를 찾는 것도, 변한 환경에 적응하는 것도 쉬운 일이 아니야.

　이런 일을 막기 위해 최근에는 동물을 위한 생태 통로를 만들고, 표지판을 설치하고 있어. 천연기념물이나 보호 지역을 지정하는 일은 오래전부터 해 왔지.

　하지만 이보다 더 중요한 것은 도로를 만들기 전에, 먼저 신중하게 결정하는 것 아닐까? 오래전부터 그곳에서 살아온 수많은 생명들에 대해 생각하면서 말야.

6.
두근두근두근

펭귄 이야기

조류
대부분 남반구, 적도 부근에 분포

헤엄을 잘 치는 바닷새.
날지 못하고 뒤뚱거리며 걷는 펭귄은
헤엄치기와 해양 생활에 적합하다.
물고기와 오징어 등을 먹으며
대부분의 시간을 바다에서 보내지만
휴식과 번식을 위해 육지로 올라간다.
사회성이 발달해 크고 작은 무리로 모여 산다.
최근 지구온난화로 펭귄을 포함한 극지방의
동물들은 멸종 위기를 맞고 있다.

　너희들 이야기를 들으며 가슴이 두근거렸어. 코끼리가 난생처음 혼자 숲으로 들어가 열매를 먹었을 때, 침팬지가 우주로 갔을 때, 닭이 하늘을 날고픈 마음을 품었을 때. 내가 살아온 날은 길지 않지만 지난 시간을 떠올리면, 나도 너희처럼 가슴 두근거렸던 순간이 여러 번 있었어. 그날의 이야기, 한번 들어 보겠니?

　내가 태어난 남극은 지구에서 가장 추운 곳이야. 입김을 '호' 하고 불면 하얗게 얼어 버리는 얼음 땅이지. 겨울이

되면 다른 동물들은 따뜻한 곳을 찾지만 우리 황제 펭귄들은 남극에서도 가장 추운 곳으로 떠나. 바로 우리가 태어난 고향으로. 일 년에 한 번 고향으로 돌아가 새 생명을 낳는 것, 그게 우리의 본능이란다. 우린 바다로 뛰어들었어. 그리고 새가 하늘에서 날갯짓을 하듯 바닷속을 훨훨 날았지.

 바다를 날면서 상상했어. 짝짓기를 하고, 새끼를 낳고, 아빠가 된 내 모습을. 올해는 내가 첫 짝짓기를 하고 아빠가 되는 특별한 해였어. 쉬지 않고 헤엄친 탓에 날개가 욱

신거리고 숨이 턱까지 차올랐지만, 기분은 최고였어.

보인다, 보여! 우리의 보금자리가 저기 있다!

우리는 바다에서 섬으로 훌쩍 뛰어올랐어. 섬에는 뒤뚱거리며 짝을 찾아 헤매는 수천 마리의 펭귄들로 시끌벅적했지. 우리는 한 번 짝을 맺으면 다음 해에도 그다음 해에도, 같은 짝을 만나 짝짓기를 한단다.

두근두근두근! 내 짝은 어디 있을까?

나는 두 눈을 크게 뜨고 한참을 찾았어. 그때 저 멀리 서 있던 내 사랑을 발견했어. 나와 사랑을 하고, 아기를 낳고, 함께 살아갈 내 사랑이었어. 날렵한 날개에 반짝이는 눈동자. 난 그 펭귄을 '눈동자'라고 불렀어.

눈동자에게 다가가 부리를 하늘 높이 세우고 날개를 옆으로 쭉 뻗은 다음 "에에에에" 하고 사랑의 노래를 불렀어. 얼마 뒤 눈동자도 함께 노래를 했고, 마침내 우리는 부부가 되었단다.

눈동자와 나를 포함한 황제 펭귄들은 쉬지 않고 걸었어. 알을 품는 동안은 꼼짝할 수 없기 때문에 우리는 천적이 없고, 남극의 거센 바람을 피할 수 있는 곳을 찾았지. 그곳은 얼음벽 아래의 얼음 땅이었어.

행진을 하면서 주위를 둘러보는데 뭔가 이상했어. 남극은 바람이 강하게 부는 곳이야. 얼어붙은 얼음덩어리, 떠다니는 얼음산이 바람과 해류에 따라 움직이기 때문에 주변 풍경은 날마다 달라지지. 그런데 올해는 바다 위를 둥둥 떠다니는 얼음산이 부쩍 많아진 것 같았어. 예전에는 보지 못했던 광경이었지.

도착하고 얼마나 지났을까? 눈동자가 드디어 뽀얀 알을 낳았어. 껍질 속에 생명이 자라고 있다고 생각하니, 가슴이 뛰었어. 눈동자는 들뜬 목소리로 내게 물었어.

"우리 아기는 어떻게 생겼을까? 누굴 닮았을까? 언제쯤 세상에 나올까?

그동안 아무것도 먹지 못한 채 알을 품느라 홀쭉해졌지만, 눈동자의 얼굴에는 기쁨이 가득했지.

나는 눈동자에게 다가갔어. 우리는 긴장한 얼굴로 서로를 마주 보았어. 눈동자 발등에 놓인 알을 내 발등으로 옮기는 중요한 일을 하려는 거였어. 황제 펭귄은 암컷이 알을 낳으면 수컷이 알을 품거든.

우리는 알을 깨뜨리지 않고 재빨리 옮겨야 했어. 남극의 추위 때문에 그 몇 초 사이에 알이 얼어붙어 깨질 수도 있거든. 다행히도 알은 무사히 내 발등으로 옮겨졌어.

알을 품은 난, 서둘러 눈동자를 바다로 보냈어. 눈동자와 다른 암컷들은 곧 태어날 아기에게 줄 먹이를 구하러 떠났어. 그녀가 바다로 떠난 동안 알을 품는 것은 내 몫이었지. 발등에 알을 품은 수컷들은 서로의 몸을 밀착시켰어. 우리는 온기가 새어 나가지 않도록 서로 바람막이가 되었어. 하늘에서 내려다보면 까만 구름으로 보였을 거야. 황제 펭권은 이렇게 알을 지킨단다.

그러던 어느 날, 습기를 잔뜩 머금은 눅눅한 바람이 불더니 밤부터 눈보라가 몰아치는 거야. 모든 것을 삼켜 버릴 듯한 무서운 눈 폭풍이었어. 내 머릿속에는 알을 지켜야 한다는 생각밖에 없었어. 우리는 바늘 하나도 들어갈 수 없을 만큼 서로의 몸을 더욱 가까이 밀착시켰어. 하지만 눈이 쌓이고 쌓여 가슴까지 차오르자 두려움이 밀려왔어. 눈에 숨이 막혀 죽을까 겁이 났지만, 무엇보다 알이 얼어붙을까 두려웠지. 그 밤은, 내가 보낸 가장 춥고 두렵고 어두운 밤이었어.

어슴푸레 날이 밝아 올 무렵, 눈보라도 멈추었어. 다행히 우리 알은 무사했지만, 눈보라에 깨져 버린 알들도 많았어. 새끼를 잃은 부모 펭귄들의 슬픈 울음소리가 여기저기서 터져 나왔어. 그동안 알을 호시탐탐 노렸던 도둑갈매기들은 깨진 알을 먹으며 한가로이 주변을 날아다녔지. 나는 우리를 노리는 도둑갈매기보다 눈을 퍼붓는 하늘이 무섭게 느껴졌어.

슬픔과 절망에 빠진 펭귄 마을을 구한 건 새끼들의 울음소리였어. 눈보라를 이겨 낸 알에서 하나둘 새끼들이 태어나기 시작한 거야. 우리 아기도 알을 깨고 작은 머리를 내밀었어. 초롱초롱하고 까만 눈동자. 그 감동을 뭐라 표현할 수 있을까.

나는 배 속에 저장한 먹이를 게워 내 아기에게 먹였어. 알을 깨고 나오느라 힘이 든 탓일까. 아기는 먹이가 조금밖에 남지 않았는데도 계속 달라며 입을 벌렸어. 정말 큰일이었어. 눈동자를 기다리며 알을 품느라 한 달 넘게 아무것도 먹지 못했거든. 그러니 아기에게 줄 먹이도 금방 동이 나 버렸지.

"암컷들이 돌아온다!"

누군가의 외침에 돌아보니, 저 멀리서 부지런히 걸어오

는 펭귄들이 보였어. 아, 드디어 눈동자가 오는구나. 배 속에 있던 먹이를 모두 아기에게 줬어. 이제 눈동자가 가져올 먹이를 아기에게 먹이고, 나는 먹이를 찾아 바다로 떠나면 되니까.

그런데 아무리 찾아봐도 눈동자의 모습이 보이지 않았어. 기다리다 지친 나는 눈동자와 친하게 지내던 암컷 펭귄을 찾아갔어. 그랬더니 난처한 표정으로 이렇게 말했지.

"눈동자를 한참 기다렸는데도 얼음 위로 올라오지 않았어요. 올해는 전에 비해 크릴새우가 줄어서 사냥하기가 쉽지 않았거든요. 아무래도 크릴새우를 더 잡으려다가 바다표범에게 잡아먹힌 것 같아요."

나는 온몸에 힘이 풀려 풀썩 주저앉고 말았어. 모든 것을 포기하고 싶었지만 눈동자가 남기고 간 우리 아기를 생각하면 그럴 수 없었어. 나는 간신히 돌아가 아기를 품에 안았어. 잘 먹지 못해 다른 펭귄보다 키도 작고 앙상하게 마른 우리 아기. 마음이 찢어지는 것 같았어.

한동안은 다른 펭귄들이 먹다 흘린 먹이를 주워 아기에게 먹였지만 그것도 오래가지 못했어. 너무 배가 고픈 나머지 먹이를 줍다 쓰러진 게 한두 번이 아니었거든. 날은 또 왜 그리 더운지. 더위에 지친 펭귄들은 얼음 위에 드러누워 열을 식혔어. 배고픔과 더위를 견디지 못한 나는 먹이를 구해 오기로 결심했어. 이렇게 있다가는 아기도 나도 죽음을 피할 수 없을 테니까.

다음 날 아침, 눈부신 햇살 아래 서 있는 아기의 모습을 보니 눈물이 나왔어. 다른 새끼 펭귄들은 털갈이를 해서 회색 솜털은 다 빠지고 검은 털 흰 털이 났는데, 우리 아기만 회색 그대로였지. 몸집도 너무 작아 눈에 띌 정도였어. 데리고 가야 할까 생각도 했지만 그만두었어. 자칫 잘못하면 둘 다 큰일을 당할 수 있으니까. 나는 아기를 펭귄 무리 가운데로 데려간 뒤 거듭해서 말했어.

"꼭 여기 있어야 해. 여기서 벗어나면 절대 안 된다. 도둑갈매기가 잡아 갈지도 모르거든. 아빠가 올 때까지 꼼짝 않고 여기 있어야 한다."

아기는 고개를 끄덕였어. 나는 아기 몰래 눈물을 닦고 서둘러 길을 떠났어.

펭귄들은 먹이를 사냥할 때나 살던 곳을 옮길 때도 언제나 무리를 지어 이동해. 그래서 나 홀로 길을 나서는 건 이번이 처음이었지. 나는 걷기도 하고 얼음 위를 지치기도 하며 쉬지 않고 움직였어. 하늘을 나는 새처럼 금방 날아갔다 돌아올 수 있다면 얼마나 좋을까 하는 생각이 간절했지.

하지만 나는 걸음을 멈춰야 했단다. 전에는 보지 못한 거대한 얼음벽이 내 앞에 서 있었거든. 얼른 바다에 들어가 먹이를 구해 아기에게 돌아가야 하는데. 눈앞이 아찔했지만 나는 얼음벽을 기어오르기 시작했어. 얼음 골짜기는 날카로운 칼날 같았어. 마음은 급했지만 걸음은 점점 느려졌지. 게다가 해가 지고 어둠이 깔리자 한 발자국 내딛는 데도 진땀이 흘렀어.

"조심조심…… 으아악!"

발을 헛디딘 나는 얼음벽에서 떨어지고 말았어.

얼마나 시간이 지났을까. 겨우 눈을 뜨니 하늘에서는 비가 내렸고, 다리와 날개에서는 피가 흐르고 있었어. 차가운 비가 스며들어 온몸이 덜덜 떨렸어.

비에 젖은 채 날 애타게 부르는 아기의 울음소리가 귓가에 들리는 것 같았어. 얼른 몸을 일으키려 했지만, 발가락 하나 움직이지 않았어. 바다로 뛰어들고, 눈동자를 만나 사랑을 나누고, 알을 품고, 아기를 만났던, 두근거렸던 그 순간들이 스쳐 갔지.

아기는 어떻게 되었을까. 지금도 나를 기다리고 있는 건 아닐까. 한 번만 더 안아 볼 수 있다면 얼마나 좋을까. 그게 내 마지막 소원이야.

한 걸음 더

지구온난화

　1992년, '내일은 늦으리'라는 대형 콘서트가 열렸어. 공해와 쓰레기로 오염되어 가는 지구를 구하자는, 우리나라 최초의 환경 콘서트였지. 그 뒤로 20여 년이 지난 지금, 이 지구는 어떤 상태일까?

　겨울에는 따뜻하게 여름에는 시원하게 살고, 먼 거리는 물론 가까운 거리까지 자동차로 편하게 다니고, 필요한 물건은 언제든지 손쉽게 구할 수 있는 우리의 삶. 과거에 비한다면 훨씬 편리해진 게 사실이야. 그런데 지구는 지금 심각한 문제를 겪고 있단다.

　석탄과 석유, 천연가스와 같은 화석연료는 우리 삶에서 빼놓을 수 없어. 그런데 화석연료를 태울 때 생기는 이산화탄소 때문에, 지구의 평균온도가 점점 올라가기 시작했지. 태양열을 흡수하고, 열을 내보내지는 않는 이산화탄소가 점점 많아지면서 지구온난화가 시작된 거야. 고기 소비량이 늘면서 발달하게 된 축산업 또한 큰 영향을 끼치고 있어. 자동차나 난

점점 심각해지는 지구온난화. 우리는 언제까지 펭귄을 볼 수 있을까?

방뿐만 아니라 먹는 것부터 우리 생활의 모든 것이 관계가 있는 거야.

지구가 점점 따뜻해지면서 우리나라의 봄과 가을은 점차 짧아졌고, 여름과 겨울은 길어졌어. 또 전 세계적으로 홍수와 가뭄, 태풍이 심해졌고, 남극과 북극의 얼음이 빠른 속도로 녹기 시작했지.

중국과 인도를 합친 어마어마한 넓이에, 평균 2킬로미터가 넘는 두꺼운 얼음으로 덮인 남극. 한겨울에는 영하 70도까지

내려가던 남극에도 큰 변화가 생기기 시작했어.

지구의 평균온도가 지난 100년 동안 약 0.6도 오른 반면, 남극은 지난 50여 년 동안 약 2.5도가 올랐다고 해. 여름에는 눈보다 비 오는 날이 더 많아졌고, 기온이 영상 10도까지 오르면서 파릇파릇한 풀이 자라기 시작했지.

이뿐만이 아니야. 얼음 밑 바다의 온도가 오르면서 남극 바다에서 살던 크릴새우 같은 갑각류가 80퍼센트나 줄었대. 그 영향으로 갑각류를 먹고 사는 펭귄의 생명도 위험하게 됐어.

게다가 비가 많이 내리면서 갓 태어나 솜털뿐인 새끼 펭귄들이 저체온증으로 죽는 일도 많아졌어. 또 얼음산이 섬 주변을 맴돌다 엎히면서 생긴 거대한 얼음벽 때문에, 많은 펭귄들은 목숨을 걸고 벽을 넘어 먹이 사냥에 나서게 되었지. 이때 어른 펭귄들이 먼 길을 힘겹게 오가는 동안 굶주림에 시달리던 새끼들은 목숨을 잃기도 한단다.

그렇다면 북극은 어떨까? 지난 100년 동안 북극의 평균온도는 약 4도가 올랐다고 해. 온도가 올라가면서 북극 바다를 떠다니던 얼음도 녹기 시작했지. 이런 변화로 북극곰에게도 위기가 닥쳤어.

북극곰은 10미터 아래에 있는 바다표범의 냄새도 맡을 수 있을 만큼 후각이 뛰어나. 바다표범 냄새를 맡은 곰은 숨구멍 앞에서 기다리거나 직접 눈을 파고 사냥을 해. 때로는 얼음산 사이를 헤엄치며 사냥하지.

그런데 기온이 높아지면서 북극의 얼음이 녹자 그 위에서 생활하던 바다표범이 줄기 시작했고, 북극곰은 먹이를 구하기 힘들어진 거야. 또 얼음산 사이가 멀어지면서 헤엄치며 사냥하기도 어려워졌지.

그래서 북극곰들은 사냥에 나섰다가 물에 빠져 죽기도 하고, 너무 배가 고픈 나머지 서로 잡아먹는 일까지 생긴다고 해. 지구온난화가 멈추지 않아 남북극의 얼음이 계속 사라진다면, 펭귄과 북극곰은 어떻게 될까?

에필로그

우리를 잊지 마세요

펭귄의 이야기가 끝나자 코끼리가 깊은 한숨을 내쉬었다.

"모두 힘든 일을 겪었구나."

펭귄이 눈물을 흘리며 말했다.

"이제 알겠어. 여기가 어디인지, 왜 우리가 여기에 모인 건지."

닭이 펭귄의 눈물을 닦아 주었다.

"울지 마. 어쩌면 차라리 잘된 일인지도 몰라. 이제는 고통과 슬픔을 겪지 않아도 되잖아."

너구리도 한마디 거들었다.

"그래, 이제 여기서 행복하게 살면 되는 거야."

한참을 훌쩍이던 펭귄이 말했다.

"그래도 난 남극이 그리워. 하얀 얼음 땅과 푸른 바다, 그리고 소중한 내 아기도 보고 싶어."

펭귄의 말에 다른 동물들도 하나둘 입을 열기 시작했다.

"나도 그래. 가족들이 그리워. 물놀이를 하던 강도, 맛있는 풀이 가득한 숲도."

"나는 은수를 다시 만나고 싶어. 그럴 수 있다면 꼭 함께 바다에 갈 거야. 프린세스도 같이."

"다시 나무 위에 올라 별이 반짝이는 하늘을 볼 수 있다면 얼마나 좋을까?"

"바퀴 달린 괴물이 나타나기 전으로 되돌아가 엄마랑 친구들이랑 함께 산에서 살고 싶어."

그 말에 닭이 한숨을 쉬었다.

"너희들이 부러워. 나는 돌아갈 곳이 없잖아. 하지만 다시 태어난다면, 미친날개가 부르던 노래처럼 살고 싶어. 보드라운 흙 위에서 따뜻한 볕을 쬐고, 맛있는 먹이를 먹고, 시원한 바람도 맞으면서. 그런데 말이지. 우린 여기로 왔지만, 아직 그곳에 남은 친구들이 많이 있잖아. 나는 그

친구들이 걱정돼."

그러자 너구리도 고개를 끄덕이며 말했다.

"그래 맞아. 남아 있는 친구들이 부디 힘든 일은 겪지 않아야 할 텐데."

그때, 공중에서 불빛이 아른거리더니 가운데가 동그랗게 부풀어 올랐다. 그러더니 그 자리에 숫자 7이 새겨진 네모난 문이 나타났다.

"일곱째 문이잖아!"

모두 걱정스러운 얼굴로 문을 바라보았다.

"또 누가 나오는 걸까?"

"이름이 없는 걸 보니 아직 정해지지 않았나 봐."

침묵 속에서 코끼리가 입을 열었다.

"사람들이 기억해 주면 좋겠어. 이 지구에는 사람뿐만 아니라 많은 생명들이 함께 산다는 것을. 그럼 이런 문도

생기지 않을 텐데."

"사람들이, 사라져 간 우리를 잊지 않는다면 가능하지 않을까?"

"맞아. 은수처럼 동물을 진심으로 사랑하는 사람도 있어. 그 사람들은 사람이든 동물이든 모두 소중하다는 사실을 알고 있을 거야."

강아지의 말에 모두 고개를 끄덕였다.

"더 많은 사람들이 깨달았으면 좋겠다. 사람과 동물은 지구에서 함께 사는 친구라는 것을."

닭은 그렇게 말하더니 목소리를 가다듬고 문을 향해 크게 외쳤다.

"우리는 여기에 있어요. 그러니까 잊지 마세요!"

다른 동물들도 한마음으로 외치기 시작했다.

"함께하기로 했으면 끝까지 함께해 주세요!"

"동물도 행복하게 살고 싶어요!"

"우리를 잊지 마세요!"

참고 자료

〈도서〉

니겔 로스펠스,《동물원의 탄생》, 지호, 2003

새러 그루언,《코끼리에게 물을》, 두드림, 2007

김황,《코끼리 사쿠라》, 창비, 2007

로베르 들로르,《코끼리: 세계의 기둥》, 시공사, 1995

최종욱,《세상에서 가장 불량한 동물원 이야기》, 김영사, 2005

제임스 서펠,《동물, 인간의 동반자》, 들녘, 2003

에리카 퍼지,《동물에 반대한다》, 사이언스북스, 2007

피터 싱어,《동물해방》, 인간사랑, 1999

마크 롤랜즈,《동물의 역습》, 달팽이, 2004

유병호,《저 푸름을 닮은 야생동물》, 다른세상, 2000

소피 웹,《펭귄과 함께 쓰는 남극일기》, 사계절, 2005

〈연속 간행물〉

"화려한 애견 생활? 암울한 '유기견'의 현실",〈프레시안〉, 2008.01.30

"벵골원숭이태운 로켓 유인 우주비행 테스트",〈동아일보〉, 2005.05.27

"20세기 다큐멘터리 인류의 우주 진출과 쿼크 발견",《과학동아》, 8월호(1999)

"인간 대신 난치병 앓는 누드쥐",《과학동아》, 09월호(1999)

"우주개발의 숨은 주역 동물우주비행사들",《과학동아》, 07월호(2003)

"실험동물 살 길 생겼다",《과학동아》, 02월호(2007)

"길 위의 공포 로드킬",《과학동아》, 06월호(2008)

"인류의 꿈을 싣고 우주로 간 동물들",《과학동아》, 09월호(2008)

"펭귄마을에 내리는 죽음의 눈", "석유가 그렇게 달콤했느냐",《한겨레 21》, 692호(2008)

"인권을 넘어 생명권으로", 동물보호 무크지,《숨》, 1집(2010)

"반려동물, 그 아름답고도 오랜 우정", 동물보호 무크지,《숨》, 2집(2009)

〈영상〉

"우주탐험의 또 다른 역사", EBS〈지식채널e〉, 2005.09.05
"1.1평방미터의 자유""산란 기계, 닭", KBS〈환경스페셜〉, 2007.05.23/30
황윤,〈어느 날 그 길에서〉〈작별〉, 2008
사라 로버트슨, 애덤 라베치,〈나누와 실라의 대모험〉, 2007
뤽 자케,〈펭귄-위대한 모험〉, 2005

동물과 친구가 되고 싶다고요? 힘을 보태고 싶다고요?
그 방법을 알고 싶어 하는 친구들을 위해 소개합니다. 동물보호단체는 무슨 일을 하는지, 어떻게 도움이 될 수 있을지 홈페이지를 방문해 살펴보세요.

- 동물보호시민단체 KARA
  http://www.withanimal.net/
- 한국야생동물보호협회
  http://www.wildanimals.or.kr/
- 동물자유연대
  http://www.animals.or.kr/
- 야생동물소모임
  http://www.yasomo.net
- 한국동물구조관리협회
  http://www.karma.or.kr/
- 한국동물보호협회
  http://www.koreananimals.or.kr/
- 동물사랑실천협회 CARE
  http://www.fromcare.org/
- 동물학대방지연합
  http://www.foranimal.or.kr/
- 한국동물보호교육재단
  http://www.kapes.or.kr/
- 설악산과 산양
  http://goral.tistory.com/

그 밖에도, 동물을 보호하기 위해 애쓰는 사람들이 많이 있어요. 또 어떤 모임이 있는지 찾아보는 건 어떨까요? 마음이 맞는 친구들과 모여 직접 활동하는 것도 의미 있을 거예요.